FOME DE QUÊ?

EDITORA EME

Solicite nosso catálogo completo, com mais de 350 títulos, onde você encontra as melhores opções do bom livro espírita: literatura infantojuvenil, contos, obras biográficas e de autoajuda, mensagens espirituais, romances palpitantes, estudos doutrinários, obras básicas de Allan Kardec, e mais os esclarecedores cursos e estudos para aplicação no centro espírita - iniciação, mediunidade, reuniões mediúnicas, oratória, desobsessão, fluidos e passes.

E caso não encontre os nossos livros na livraria de sua preferência, solicite o endereço de nosso distribuidor mais próximo de você.

Edição e distribuição

EDITORA EME

Caixa Postal 1820 - CEP 13360-000 - Capivari - SP
Telefones: (19) 3491-7000 | 3491-5449
Vivo (19) 99983-2575 | Claro (19) 99317-2800
vendas@editoraeme.com.br - www.editoraeme.com.br

MARCELO TEIXEIRA
ORGANIZADOR

FOME DE QUÊ?

Pensadores espíritas falam do que têm fome e de como a doutrina espírita pode ajudar a saciá-la

Capivari-SP
– 2018 –

A Editora EME mantém o Centro Espírita "Mensagem de Esperança" e patrocina, junto com outras empresas, instituições de atendimento social de Capivari-SP.

1ª edição - junho/2018 - 3.000 exemplares

CAPA | André Stenico
PROJETO GRÁFICO E DIAGRAMAÇÃO | Marco Melo
REVISÃO | Editora EME

Ficha catalográfica

Teixeira, Marcelo, 1962
Fome de quê? / Marcelo Teixeira (organizador) - 1ª ed. junho 2018 - Capivari-SP: Editora EME.
184 p.

ISBN 978-85-9544-058-6

1. Espiritismo. 2. Textos motivacionais. 3. Reflexões sobre necessidades do ser humano.
I. TÍTULO.

CDD 133.9

Sumário

Introdução

As bem-aventuranças são um dos textos mais belos ditos por Jesus. Fazem parte do Sermão do Monte. Há um trecho que diz: *Bem-aventurados os que têm fome e sede de justiça porque serão saciados.* Jesus Cristo, sendo o espírito perfeito que é, sabia que havia - e ainda há - muita injustiça no mundo; e que nós, espíritos imperfeitos, cometeríamos e sofreríamos muitas injustiças. Mais ainda: precisaríamos do concurso do tempo para adquirir senso de justiça e lutarmos para implantá-la no planeta.

Na década de 80 do século 20, o grupo de rock Titãs lançou uma música da qual gosto muito: "Comida". A letra, da autoria de Arnaldo Antunes, Sérgio Brito e Marcelo Fromer, diz:

> Bebida é água!
> Comida é pasto!
> Você tem sede de quê?
> Você tem fome de quê?
>
> A gente não quer só comida
> A gente quer comida, diversão e arte
> A gente não quer só comida
> A gente quer saída para qualquer parte

A gente não quer só comida
A gente quer bebida, diversão, balé
A gente não quer só comida
A gente quer a vida como a vida quer
A gente não quer só comer
A gente quer comer e quer fazer amor
A gente não quer só comer
A gente quer prazer pra aliviar a dor

A gente não quer só dinheiro
A gente quer dinheiro e felicidade
A gente não quer só dinheiro
A gente quer inteiro e não pela metade

Diversão e arte
Para qualquer parte
Diversão, balé
Como a vida quer
Desejo, necessidade, vontade...

Desde que ouvi "Comida" pela primeira vez, gostei. Acho-a instigante ao perguntar de que temos fome. Ela mostra que não basta saciar a fome material do indivíduo. É necessário lhe dar mais. Comida é necessário? É, mas a gente quer diversão, balé... E queremos a vida, assim como a vida nos quer. Vida em abundância, em plenitude, muito além de necessidades materiais satisfeitas.

Não queremos só comer no sentido mundano da palavra. Queremos um prazer espiritual que transcende a matéria. E não queremos somente dinheiro ou a felicidade por ele proporcionada. Queremos algo que nos faça sentir inteiros. Algo além do que o dinheiro possa comprar.

Em suma, temos muitas fomes espirituais e morais que precisam ser saciadas. Feito isso, viveremos de forma mais satisfatória, pois estaremos num mundo mais equilibrado.

Foi aí que me veio à mente a ideia de organizar um livro. Nele, eu perguntaria a diversos pensadores espíritas quais são suas fomes e como os ensinamentos cristãos à luz da doutrina espírita poderiam saciá-las. Fui à luta e contatei diversas mentes brilhantes que pensam o mundo tendo o espiritismo como base.

Além de mim, 24 colegas de ideal escreveram; toparam o desafio. O resultado você confere nas páginas a seguir. Há fomes de alegria, conhecimento, perdão, resiliência, justiça, educação, esperança etc.

Espero que você encontre nas páginas a seguir uma diretriz segura para que algumas de suas fomes sejam saciadas. Quem sabe todas?

Marcelo Teixeira

Fome de acolhimento

Aloísio Silva
Guarapari, ES

Palestrante, psicanalista e autor dos livros
Terapêutica do perdão e *Conversando com os jovens.*

A ORIGEM DA PALAVRA acolhimento vem do latim *acolligere* que é a junção de "com", que significa "junto", mais *legere,* que significa recolher, reunir, coletar. Acolher, portanto, significa reunir para junto de mim, agasalhar, hospedar, amparar, proteger, abrigar.

O filósofo Aristóteles, no livro *A política,* afirma: *O homem é um animal social,* ou seja, necessita viver em sociedade, precisa ser aceito, acolhido pelo seu semelhante.

O ser humano é o que há de mais precioso no planeta Terra, por isso precisa da nossa maior atenção.

Desde quando nascemos, buscamos a aceitação alheia. A primeira imagem que fazemos de nós mesmos é a sócio-imagem; como não podemos olhar para nós mesmos, nossos pais, irmãos, tios, avós, professores etc. relatam quem somos. Assim, nos tornamos o que acreditaremos ser.

O nosso comportamento, na maioria das vezes, é elaborado tendo como base a aceitação do grupo social. Vestimo-nos, falamos, agimos como achamos que agradamos os outros.

O psicanalista Rollo May apresenta a existência dos "homens-espelhos", seres que utilizam como roupagem uma capa composta de pedaços de espelhos. Cada um destes pedaços contém os rostos de uma das pessoas que queremos agradar. Nossa imagem está registrada em um destes pedaços de espelho. Então, perdemo-nos em meio a esta imensidade de imagens. Não diferente, o eminente psicanalista Carl Gustav Jung nos fala das máscaras que usamos para sermos aceitos na sociedade.

Jung usou este termo para mostrar a maneira como nos adaptamos ao meio social; é nossa máscara, nossa maneira de ser, socialmente falando. O uso dessa máscara é necessário para que nos adaptemos à vida e, desta maneira, sobrevivamos na sociedade.

Desde a infância, tentamos nos comportar para receber aprovação de nossas atitudes. Quando crescemos, nossos pais, tios, avós e professores vão nos transmitindo os valores deles. Assim, aos poucos, desenvolvemos a "persona", que estará presente na profissão, na religião, na vida familiar... Enfim, nos papéis da vida. Existe em todos nós o "self", nosso verdadeiro "eu" que precisamos identificar, em nossa constante busca psicológica.

Afinal, quem sou eu? Por que me comporto assim? Por que acredito em tal ou tal coisa? De onde derivam as minhas escolhas? São interrogações que podemos fazer.

À medida que nos encontramos, que nos identificamos, vamos nos libertando de muitas amarras, que são as origens da maioria dos nossos sofrimentos. A autolibertação é fundamental para reencontrarmos a nós mesmos e, desta maneira, sermos mais conscientes. Os nossos impulsos, dos quais nos arrependemos quase sempre, serão administrados, e nos sentiremos mais felizes e completos.

O espírito Joanna de Ângelis, no livro *Amor, imbatível amor* (psicografado pelo médium Divaldo P. Franco), afirma que o amor é *a administração dos impulsos*. Só conseguiremos administrar os nossos impulsos quando soubermos quem somos.

Isso não significa conflitos sociais. Significa que é possível sermos nós mesmos e sermos aceitos pelos outros. Afinal a autenticidade é uma virtude procurada por muitos e admirada por todos.

Conforme vamos vivendo sem máscaras, sendo nós mesmos, um bem-estar nos envolve, a alegria toma conta da nossa vida, tudo em torno de nós se torna intenso porque nos tornamos intensos. Então, ficamos felizes em auxiliar para que as pessoas que conosco convivem possam ser elas mesmas, sem a necessidade precípua de nos agradar para que nós a aceitemos. Isso é verdadeiramente acolher, sem senões, sem exigências.

Imaginemos se todos os relacionamentos afetivos fossem assim, se as pessoas pudessem se expressar, sem receber a censura do outro com quem divide a vida? Quantos problemas seriam evitados, como a vida se tornaria mais leve? Gastamos muito tempo da nossa vida tentando modificar o outro, atitude infrutífera que não trará bem a todos os envolvidos no relacionamento afetivo.

Lembremos a Parábola do Bom Samaritano no Evangelho de Lucas:

> E, respondendo ele, disse: Amarás ao Senhor teu Deus de todo o teu coração, e de toda a tua alma, e de todas as tuas forças, e de todo o teu entendimento, e ao teu próximo como a ti mesmo. E disse-lhe: Respondeste bem; faze isso, e viverás. Ele, porém, querendo justificar-se a si mesmo, disse a Jesus: E quem é o meu próximo? E, respondendo Jesus, disse: Descia um homem de Jerusalém para Jericó, e caiu nas mãos dos salteadores, os quais o despojaram, e espancando-o, se retiraram, deixando-o meio morto. E, ocasionalmente descia pelo mesmo caminho certo sacerdote; e, vendo-o, passou de largo. E de igual modo também um levita, chegando àquele lugar, e, vendo-o, passou de largo. Mas um samaritano, que ia de viagem, chegou ao pé dele e, vendo-o, moveu-se de íntima compaixão; E, aproximando-se, atou-lhe as feridas, deitando-lhes azeite e vinho; e, pondo-o sobre o seu animal, levou-o para uma estalagem, e cuidou dele; E, partindo no outro dia, tirou dois dinheiros, e deu-os ao hospedeiro, e disse-lhe: Cuida dele; e tudo o que de mais gastares eu to pagarei quando voltar. Qual, pois, destes três te parece que foi o próximo daquele que caiu nas mãos dos salteadores? E ele disse: O que usou de misericórdia para com ele. Disse, pois, Jesus: Vai, e faze da mesma maneira.
>
> **Lucas 10:27-37**

O samaritano acolheu, socorreu, cuidou do homem caído, sem lhe perguntar por que, qual a religião, condição social etc. Isto é acolhimento. Portanto, se temos fome de ser acolhidos, parafraseemos São Francisco de Assis: – *Acolhamos para sermos acolhidos.*

Fome de alegria

Gibson Bastos
Rio de Janeiro, RJ

Palestrante, psicólogo e autor dos livros
Além do rosa e do azul e *Viva com vitalidade.*

Alegrai-vos no Senhor e regozijai-vos, vós, ó justos; e cantai alegremente todos vós que sois retos de coração.
(Salmos 32:11)

Valéria é médica oncologista, tem 39 anos de idade. É casada com um urologista e é mãe de duas crianças. Tem duas auxiliares: uma para os serviços de casa, outra para os serviços do consultório. Ela é espírita, atua como médium e instrutora do espiritismo; o esposo é simpatizante da ideia espírita e não se opõe às suas atividades espíritas.

Certo dia, após o término da palestra que realizei no centro espírita onde ela frequenta, Valéria veio gentilmente me cumprimentar. Percebendo certo abatimento na sua fisionomia, fiz a seguinte pergunta:

- Hoje você está um pouco abatida, muito trabalho?

- Ando realmente me sentindo muito cansada, já não estou com a mesma disposição. Além disso, estou me irritando facilmente.

- Você está se alimentando bem?

- Estou sim. Se estiver com alguma carência, não é de alimento.

- Houve alguma mudança radical na sua vida?

- Muito pelo contrário. Minha vida tem sido a mesma rotina de sempre: casa, trabalho, casa, centro espírita e casa.

- Qual foi a última vez que você saiu para passear com seu marido e as crianças?

- Nós estamos reformando a casa. Precisamos economizar.

- Você está me enrolando. Há quanto tempo vocês não saem para se divertir?

- Atualmente, nós estamos mais para pai e mãe do que para casal de namorados.

- Acho que sei o que você está sentindo.

- É?

- Você está com fome de alegria.

- Fome de alegria?

- Isso mesmo; carência de experiências que façam a alegria fluir e que renovem o seu bom ânimo.

- Será?

- Pense bem. Qual tem sido o foco de suas atividades?

- Cuidar dos meus pacientes, dar atenção ao marido, às crianças e às tarefas de casa e do centro espírita.

- Seu olhar está focado em doenças, dores, sofrimentos e problemas.

- Mas essa é minha vida.

- Mas você pode colocar uma pitada de alegria.

- Não vivo chorando, mas não vivo rindo.

- Valéria, qual o primeiro passo para se encontrar a solução de um problema?

- Admitir a existência dele.

- Você reconhece que está com carência de alegria?

- Sim. Eu tenho fome de alegria. Será que é depressão?

- Ainda não, mas talvez esteja entrando num quadro de melancolia.

- Mas eu sou espírita. Como posso estar com melancolia?

- Antes de ser espírita, você é um espírito encarnado, e como qualquer um de nós, está sujeita a passar por esse processo.

- Mas como eu não me dei conta disso?

- Porque você acha natural encarar as situações do dia a dia como um carma que precisa ser cumprido.

- Mas será errado nos esforçarmos para reparar o passado, para sermos felizes no futuro?

- A proposta é louvável, mas a metodologia que você está usando é equivocada.

- Como assim?

- Ao percebermos a necessidade de crescimento espiritual, a maioria de nós, por conta do sentimento de culpa, alucina uma série de condições ideais para a realização de nosso intento. Supomos ter a obrigação de envolver a todos que estão a nossa volta em tal projeto, com o objetivo de socorrermos a todos, evitando, assim, que eles passem por certas dores. Passamos a nos preocupar tanto com o passado e o com o futuro que nos esquecemos de viver o presente.

- Nisso você tem razão.

- Viver no passado é viver "chorando sobre o leite derramado." Viver no futuro é querer ser super-herói, é já querer ser aquilo que um dia seremos. Sem perceber, acalentamos certa tristeza por não termos asas apropriadas para realizar voos espirituais mais altos. Com isso, desperdiçamos energia e vitalidade.

- E o que fazer para não se deixar abater por este estado?

- Aprender a viver no presente, exercitar o autoconhecimento, reconhecendo e aceitando as próprias limitações, mas sem se acomodar a elas, buscando superá-las, pouco a pouco, sem angústia ou desespero, por ter consciência de que nosso processo de crescimento geralmente se dá de forma lenta e gradativa.

- Essa lentidão é o que me desanima.

- E faz você perder o bom humor e a alegria.

- Mas nem sempre dá para viver sorrindo.

- A alegria é um sentimento instintivo. Assim, quando nada nos perturba ficamos alegres.

- Mas dá para viver nesse mundo sem se perturbar?

- Para a grande maioria de nós não. A perturbação é resultado da interpretação que damos aos fatos ou experiências que vivemos. Como somos espíritos imperfeitos, nossas interpretações nem sempre traduzem a realidade. Com isso, podemos nos perturbar.

- Isso é a mais pura realidade. Para quem tem certeza da sobrevivência da alma, a morte de um ente querido não é um estímulo à perturbação, mas para quem não crê na sobrevivência da alma ou duvida da mesma, a morte é geradora de grandes conflitos.

- Correto!

- Sentir-se feliz ou infeliz é resultado da interpretação que o espírito dá ao sofrimento que se vê obrigado a vivenciar.

- Isso mesmo. É possível manter-se alegre ou feliz, mesmo diante das situações que possam gerar dor e sofrimento. A alegria não pode ser confundida com euforia, que depende de fatores externos. A alegria irradia de dentro para fora.

- Acho que estou começando a compreender o porquê desse meu estado.

- Que bom!

- Eu realmente sofro diante de alguns quadros dos meus pacientes. Às vezes não acho justo ou gostaria que o quadro respondesse às minhas expectativas. No fundo, fico triste porque Carlos não se preocupa em se engajar nas tarefas espíritas e, muitas vezes, sinto-me culpada por não saber conciliar todas as minhas tarefas com as da casa espírita. Gostaria de poder ajudar mais e estudar mais.

- A tristeza é outro instinto básico. Ficamos tristes e infelizes quando não estamos agindo dentro da lei. Se você faz o bem e está infeliz, então alguma coisa está errada. O mais provável é que você não esteja fazendo o bem. Ou então, a forma como você deseja realizar aquilo que julga ser o bem esteja inadequada.

- Mas o trabalho não é um meio de buscar o equilíbrio?

- O trabalho no bem é antídoto para muitos males, porém, todo trabalho exige medidas preventivas para evitarmos acidentes e desgastes desnecessários. A dor tem o poder de desorganizar nosso raciocínio e nossa emoção. Precisamos aprender a lidar com os quadros de dores sem nos desequilibrarmos para não perdermos vitalidade.

- Compreendo.

- A alegria é um instinto básico. Precisamos usar a razão para transformar esse instinto num sentimento e incorporá-lo à nossa personalidade. Espíritos imperfeitos, como nós, precisam aprender a entrar em contato com o belo, com a harmonia. Assim, nos mantemos em equilíbrio. Léon Denis recomenda, através de suas obras, o contato com a natureza como forma de buscar o equilíbrio físico, emocional e espiritual.

- Não tenho feito outra coisa senão trabalhar e me preocupar com os outros.

- O amor pelo semelhante é um sentimento muito nobre. Não podemos esquecer, porém, que Jesus recomendou que amássemos o próximo como a nós mesmos. Para levarmos alegria onde há tristeza, precisamos ter a alegria dentro de nós primeiro.

- Seus argumentos são lógicos.

- Para evitarmos que as lutas diárias abatam o nosso ânimo, temos que fazer um esforço contínuo de entrar em contato, também, com algo que nos faça sorrir, que deixe a alegria fluir em nós.

- Estou precisando fazer isso.

- Você precisa visitar o nosso Grupo Vitalidade. Lá temos meditação, trabalhos artesanais, música, dança, estudo de idiomas e tantas outras coisas.

- Vou pensar. A conversa está boa, mas tenho que ir.

Realmente, já era hora de voltarmos para nossas casas. Na viagem de volta, voltei a meditar sobre o assunto.

O mau humor e a tristeza que sempre estiveram presentes nos quadros enfermiços do corpo e da alma é descoberta antiga. Porém, só atualmente têm sido publicadas pesquisas que demonstram a influência da alegria sobre a saúde humana, embora Hipócrates, o Pai da Medicina, no século IV a.C. já utilizasse animações e brincadeiras na cura de pacientes

O espírito Joanna de Ângelis, na sua obra *O despertar do espírito*, psicografada por Divaldo P. Franco, afirma que: "*A alegria é a mensagem mais imediata que caracteriza um ser saudável.*" Dentro da mesma linha de pensamento da mentora espiritual, já temos várias pesquisas nas áreas médica e comportamental afirmando que aquele que procura cultivar a alegria dentro de si goza de mais saúde, tanto física quanto mental.

Aquele, pois, que tem fome de alegria, ou seja, que vive num clima de escassez de alegria é propenso a ter a saúde complicada. As atuais pesquisas científicas afirmam que sorrir naturalmente e manter-se num clima de alegria ajuda a prolongar a expectativa de vida e a relaxar o corpo. Esse relaxamento permite que o sistema imunológico reaja mais rapidamente e de forma mais eficaz. Ajuda, ainda, a aliviar o estresse, permitindo que nossa mente melhore a capacidade de percepção e fique apta à realização de multitarefas; a limpar os pulmões, deixando-nos mais fortes; a reduzir a pressão arterial e diminuir os batimentos cardíacos e também o risco de doenças cardíacas. Afinal, boas risadas aumentam o nível de colesterol bom e reduzem a queda dos níveis de proteína C-reativa no sangue.

Por causa das endorfinas que liberamos durante o sorriso, aquele que ri ou sorri com frequência está mais apto a conservar o bom humor. Por isso, é mais saudável ou se recupera mais rapidamente quando adoece.

Que a Terra é um planeta de prova e expiação todos sabemos. No entanto, a maioria de nossos sofrimentos não deriva apenas do fato de termos feito isso ou aquilo em vidas anteriores. Mas principalmente de mantermos os mesmos padrões de pensamentos e sentimentos. Por isso, o autoconhecimento é a chave para nos tornarmos pessoas mais alegres e felizes, bem como mais saudáveis.

Fome de Arte

Kate Lúcia Portela
São João de Meriti, RJ

Professora, arte-educadora, palestrante e autora
de livros como:
Os planos da vida e
Quando chapeuzinho vermelho obedeceu.

Tenho fome de Arte.

Música, teatro, dança, poesia, pintura...

Sobretudo contação de histórias!

Jesus era mestre na arte de contar histórias.

E encantava.

A sociedade precisa ouvir mais e mais histórias.

As histórias emocionam, elevam, iluminam.

Você conhece os benefícios da contação de histórias?

Essa expressão artística proporciona o contato com a diversidade cultural e étnica, a valorização da literatura e da tradição oral, o estímulo à pedagogia do imaginário, a troca de afetividade, a ampliação da capacidade de escuta e reflexão, o desenvolvimento da criatividade...

Contar histórias é uma experiência estética empolgante, contagiante.

Essa atividade atende a todas as faixas etárias.

Bebês, crianças, jovens, adultos, idosos.

A contação de histórias estimula a leitura. A leitura desenvolve o senso crítico, o senso artístico.

As histórias, por sua vez, são terapêuticas. Curam, alimentam, dessedentam.

Durante a contação de histórias, instaura-se uma atmosfera mágica, e tanto o contador como a audiência sentem-na com intensidade: magia, fantasia, imaginação, criatividade!

'Era uma vez' é uma maneira poética de expressar o lúdico que a contação de histórias evoca, pois brincamos com o universo: a lua vira uma bola numa contação de histórias, as estrelas viram pipas brilhantes e brincamos de pique-pega com os cometas.

Contar histórias é reinventar a natureza das coisas, sabendo que "o essencial é invisível aos olhos"!...

A evangelização infantojuvenil nas casas espíritas tende a ganhar muito com esse recurso lúdico.

Já contei histórias em alguns centros e obtive um excelente retorno. As histórias ilustram muito bem os valores morais e fazem pensar...

Já contei a história de uma girafa que era discriminada por seu pescoço e que, no final, salva dois coelhinhos justamente por ter o pescoço longo e poder enxergar onde eles haviam se perdido na floresta.

Já contei a história de um ursinho que perdia o chapéu e todos se mobilizavam para encontrá-lo.

Já contei a história de uma tartaruga que reclamava de seu casco e no final percebe que ele a protege, agradecendo a Deus por sua obra ser perfeita.

Já contei a história de um gatinho guloso que acabava passando mal e passava a valorizar a ingestão equilibrada de alimentos.

As crianças sempre interagem com a história e a empatia se estabelece com as personagens. É muito rico o encontro.

Normalmente, uso fórmulas para encerrar as histórias e, com o tempo, elas passam a querer adivinhá-las:

"Tiririm tiririm, a historinha chegou ao fim!"

"Colorim colorado, este conto está terminado!"

Ensinar brincando.

Aprender com diversão.

As histórias alimentam a imaginação.

Estudiosos afirmam que as histórias são o ponto de partida para o teatro, a música, a dança, a pintura, o desenhar...

Realmente, nós sempre propomos atividades lúdicas após a contação de histórias.

Já fizemos origamis de casinhas na história do Lobo Mau e os Três Porquinhos. Até aprendi a fazer várias dobraduras com as crianças...

Já fizemos um teatrinho com fantoches representando as personagens...

Já cantamos uma música de Natal após uma apresentação...

Já fizemos ginástica imaginativa antes de começar uma história...

Já desenhamos em palitos de picolé o cenário da história...

Eu fico encantada com os trabalhinhos que eles produzem.

Autênticos, originais.

Valorizo todos como expressão única de cada um.

Os recursos audiovisuais são também muito bem-vindos.

Hoje existe a figura do cybercontador de histórias. Eu mesma já apresentei a história de um porquinho que se apaixonava por uma galinha com utilização de projeções no datashow.

As crianças e mães se encantaram! É uma história que fascina dos oito aos oitenta!

Já coloquei também apenas o áudio da história e ia mostrando o livro.

Elas treinam a escuta de forma bastante criativa.

Sempre que posso, levo o livro para que eles o manuseiem. Elas têm muita curiosidade de ver as ilustrações da história.

Até em palestras eu já contei histórias.

Acho que os adultos também precisam dessa atmosfera mágica. Às vezes, consigo uma integração entre crianças e adultos na plateia.

Elas interagem, seus olhos brilham. Elas fazem intervenções inusitadas e os adultos ficam tocados. Uma jovem me procurou certa vez com lágrimas nos olhos após esse momento de integração.

Gosto de contar as histórias incentivando a participação dos pequenos.

Já pedi, durante a história, salva de palmas para a leitura.

Já contamos uma história em que minhas mãos e as das crianças eram as personagens.

Já contei uma história em que, quando eu estalava os dedos, elas tinham que dizer "Que lindo vestido amarelo!"

Já contei uma história em que elas cantavam comigo as cantigas de roda.

Não gosto de passividade.

Devemos incentivar a participação plena.

Dificilmente tenho problemas com disciplina.

Normalmente as crianças são muito abertas às atividades artísticas.

É muito importante discutir as histórias com eles ao final da apresentação. Neste momento, trocamos impressões e eu posso passar os valores e conceitos espíritas de forma leve e atraente.

A arte é uma ferramenta pedagógica muito poderosa.

Contar histórias que aquecem o coração, eis uma linda missão!...

Fome de assertividade

Alkíndar de Oliveira
São Paulo, SP

Palestrante, consultor de empresas e autor de livros como *O espírita do século XXI* e *Aprimoramento espírita.*

Mas seja o vosso falar sim, sim: não, não.
(Mateus, 5:37)

Esta é a essência da assertividade.

Uma pessoa assertiva é altamente confiável, pois sua fala é transparente, sempre exala verdade. A pessoa assertiva tem forte tendência em evitar a hipocrisia e a falsidade. Por possuir estas características de personalidade, uma pessoa assertiva inspira confiança e credibilidade. Credenciais estas vitais para o relacionamento interpessoal altamente produtivo e saudável.

Não pensemos que a expressão: *Mas seja o vosso falar sim, sim: não, não* significa que a linguagem da pessoa assertiva é autoritária e ditatorial. Muito pelo contrário. Uma das qualidades da pessoa assertiva é justamente o fato de ser transparente e verdadeira, sem desrespeitar o próximo, o que gera admiração e respeito.

Ser assertivo também significa o exercício do perdão e do autoperdão. Bem como em saber trabalhar em si a mágoa ou o ressentimento. Não é que a pessoa assertiva seja isenta da mágoa e do ressentimento (o que seria impossível no atual estágio de nossa evolução humana), mas ela procura ter controle emocional para que sua comunicação seja receptiva.

Do livro *Seja assertivo!*, de Vera Martins (Ed. Alegro), extraio as seguintes informações:

> O comportamento assertivo é ativo, direto e honesto, transmitindo uma impressão de autorrespeito e respeito pelos outros.
>
> Ativo porque é um comportamento atuante, incisivo e decidido, ao contrário do reativo, que apenas surge quando é estimulado pela ação de outra pessoa.
>
> Confira um exemplo do comportamento ativo:
>
> – Chefe, machuquei meu pé e tenho que fazer fisioterapia duas vezes por semana. Não se preocupe, pois deixarei tudo organizado e você não será prejudicado na minha ausência.
>
> Observe agora um exemplo de comportamento reativo e perceba o impacto nos resultados da comunicação:

- Maria, por favor veja uma passagem para Recife, na sexta-feira pela manhã, de preferência pela Gol.

- Chefe, não tem nenhum horário pela manhã.

- Maria, e as outras companhias aéreas?

- Ah, aí não sei. Preciso verificar.

O comportamento assertivo é direto porque faz economia de palavras, não permitindo rodeios, justificativas e desculpas. Toda mensagem tem uma frase nuclear considerada como foco principal e somente ela deve ser comunicada. Quando usamos um excesso de palavras, corremos o risco de assumir a postura passiva e diluir a força da mensagem entre desculpas e justificativas.

Veja um exemplo de um comportamento não direto.

- Mirtes, desculpe-me por ter-lhe chamado no final do expediente. Eu estava ocupada toda a tarde. Preciso falar com você algo muito importante. Como você está se sentindo? Bem, é desagradável ter que dizer isso. Afinal, você vem trabalhando conosco durante muito tempo e me sinto constrangida. Não é nossa vontade, mas infelizmente vamos ter que desligá-la do quadro de funcionários. Não fique chateada conosco.

Uma maneira mais adequada de comportamento direto.

- Mirtes, como é do seu conhecimento, você não vem atendendo às novas demandas do trabalho. Por isso, quero comunicar-lhe que, a partir de hoje, você não mais fará parte do quadro de funcionários. Agradeço sua dedicação nesse tempo e conte conosco, caso necessite de recomendações.

O comportamento assertivo é honesto porque não usa artimanhas e manipulações para exercer influência.

Sobre o comportamento assertivo, o filósofo Aristóteles diz:

Dar livre curso às paixões é permitir que os meios se apresentem como fins.

Confira dois exemplos de comportamento direto e honesto:

- Assumo a responsabilidade pelo erro da remessa dos documentos. Não sei a resposta, posso pesquisar e responder em seguida.

- Seu problema necessita de uma análise mais apurada, mas, como o erro foi nosso, nada mais justo do que levarmos o documento correto até sua residência. Você aguarda até à tarde?

As informações da autora Vera Martins, constantes nos parágrafos anteriores, mostram importantes qualidades da pessoa assertiva. Recomendo a leitura do livro *Seja assertivo!*, que é um clássico do tema assertividade.

Algumas características da pessoa não assertiva:

a) Tem dificuldade para dizer não.
b) Evita conflitos.
c) É impaciente no ouvir.
d) Tem a sensação de ser um engolidor de sapo.

e) Fala duro e firme, e depois pede desculpas.
f) Vence uma conversa pela insistência, não pelo conteúdo.
g) É mais de criticar do que de elogiar (ao outro e a si mesmo).

Algumas características da pessoa assertiva:

a) Não tem dificuldade em dizer não.
b) Não evita conflitos (se eles forem necessários) e sabe administrá-los.
c) Sabe ouvir.
d) Mais elogia do que critica.
e) Sua fala, por ser firme e respeitosa, não cria necessidade de pedir desculpa.
f) Estimula a comunicação de mão dupla.
g) É comunicador por excelência.

Percebe-se pelas informações dos dois parágrafos anteriores que, dos três pilares do diálogo - *empatia, alteridade, assertividade* - é esta última a mais difícil de exercitar. Afinal, muitas vezes a decisão de ser assertivo implica adotar uma nova filosofia de vida.

Acreditar que as pessoas têm um imenso potencial a ser explorado e ser apaixonado pelo desenvolvimento delas forma uma excelente base para o profissional passar a ser assertivo.

Sermos sinceros sem ofender é a principal técnica da assertividade.

A sinceridade é uma das mais importantes qualidades no relacionamento interpessoal. Ela é fruto da transparência. E uma pessoa transparente, por mostrar-se como é, tende a conseguir melhores resultados na convivência, desde que seja assertiva e comunicadora. Se a transparência ou a sinceridade gerar ofensa, o outro não irá ouvir.

Quando alguém se valoriza dizendo *Eu sou transparente, Eu sou verdadeiro* ou *Eu sou autêntico,* geralmente esta pessoa não é comunicadora e gera conflitos altamente destrutivos. Não que devamos fugir dos conflitos; eles são inerentes à convivência humana. Mas evitar os conflitos improdutivos é sinal de sensatez. Lembremo-nos sempre que a regra é: É preciso, sim que sejamos verdadeiros, transparentes, autênticos e sinceros. Mas sem ofender.

Se algum dia alguém chegar até você e disser que falou tudo o que o fulano precisava ouvir, você pode imaginar o que foi dito! Pior ainda, como foi dito! Pergunte, então a essa pessoa: *Deu resultado?* Caro leitor, com certeza você irá ouvir como resposta uma frase muito parecida com esta: *Resultado não deu, mas que ele ouviu o que precisa ouvir, ouviu!*

Como você já deduziu, o exemplo não é comunicativo, mas, sim, um clássico modelo de desabafo, o que só piora a situação de conflito. Portanto, temos que questionar nossa forma de sermos transparentes e sinceros. Antes de conversar com nosso interlocutor, perguntemos a nós mesmos: *Esta minha fala vai gerar ofensa?* Se a resposta for positiva, temos que mudar a forma de falar sem abandonar a sinceridade e a transparência.

Você gosta que alguém lhe ofenda? Pois, os outros também não gostam de ser ofendidos. Então, nossa bandeira passa a ser: ofensa, nunca mais!

Currículo do autor

Alkíndar de Oliveira, palestrante, escritor e consultor de empresas radicado em São Paulo-SP, profere palestras e ministra treinamentos comportamentais em todo o Brasil. Tem seu foco de atuação em diversas áreas de treinamento, como visão sistêmica, cultura do diálogo, oratória, liderança, coaching, relacionamento, motivação, comunicação verbal, criatividade, humanização do ambiente empresarial, eficaz comunicação interna.

Suas teses e artigos estão expostos em renomados veículos de comunicação, como: as revistas *Você S/A* e *Bons Fluidos*, da Editora Abril; revista *Pequenas Empresas Grandes Negócios*, Editora Globo; revista *Venda Mais*, Editora Quantum; e os jornais *Valor Econômico*, *O Estado de São Paulo* e *Jornal do Brasil*, etc.

Fome de atitude

Carlos Augusto Abranches
São José dos Campos, SP

Jornalista, palestrante, psicanalista e autor dos livros *Vozes do espírito* e *Quando a meta é ser feliz.*

O QUE É MELHOR? Atingir os objetivos pessoais por um longo caminho curto ou um curto caminho longo?

A história foi narrada pelo rabino Nilton Bonder no livro *A alma imoral*[1]. Partilho-a agora com você.

Diz ele que o rabi Ioshua, filho do rabi Hanina, contou o seguinte:

> Certa vez, uma criança arrebatou o melhor de mim. Eu viajava e me encontrava diante de uma encruzilhada. Vi então um menino e lhe perguntei qual seria o caminho para a cidade.
>
> Ele respondeu:
>
> – Este é o caminho curto e longo, e este, o longo e curto.

1. Bonder, N. *A alma imoral*. Ed. Rocco, 1998.

> Tomei o rumo curto e longo e logo me deparei com obstáculos intransponíveis de jardins e pomares. Ao retornar, reclamei:
>
> - Meu filho, você não disse que este era o caminho curto?
>
> O menino, então, lhe respondeu:
>
> - Sim, porém lhe disse também que era longo!

O texto é extremamente rico para quem vive esses dias de imediatismo, de um querer urgente, de muita pressa para chegar rápido ao que se quer, sem considerar que o tempo, na profunda visão de Emmanuel, *não respeita as edificações que não ajudou a construir*[2].

Quando se quer falar de atitude, é necessário considerar que a escolha do caminho correto pede um conjunto de empenhos que definem a postura de um homem positivo, determinado e consciente de sua condição como ser consciente de si e da vida.

Atitude é uma postura interior. É uma tomada de decisão pessoal, um colocar-se à disposição, para que o fluxo espontâneo das forças da vida encontre guarida nos atalhos do coração e colabore com o cumprimento da missão pessoal do ser.

Uma pessoa decidida é aquela que aprendeu a concentrar-se no que é preciso fazer, a tornar-se, na essência, um instrumento das forças impulsionadas pela lei de amor.

Um homem de atitude é aquele que, diante da liber-

---

2. Xavier, F.C. (Emmanuel). *Palavras de vida eterna*, cap. 77. ED. CEC: Uberaba, 1980.

dade de ser, aprende não apenas a fazer o que quer, mas sobretudo a fazer o que aprendeu, a harmonizar sua vida com aquilo que é esperado pelas forças sublimes do Bem Maior. Para isso, se permite a autoeducação, para cumprir à risca o que o Alto espera de si.

No livro *Seareiros de volta*, o Espírito João Lustosa afirma que, *de conformidade com o espiritismo, o espírita que aceitou a supervisão do Cristo já não pode mais agir como quer, e sim, agir como deve querer*[3]. Eis a essência do que há de mais elevado na concepção correta de uma atitude de liberdade.

A curta história que abriu este capítulo nos remete a reflexões importantes acerca do tema em foco.

Querer tudo para já pode ser o começo de transtornos para longos tempos.

Ao contrário, a atitude de optar por caminhos longos de expectativas e possibilidades de dores e sacrifícios, mas curtos em relação à chegada, pode ser o início de uma convivência mais longa com a temperança e a serenidade por períodos seguros e amadurecidos. Para isso, é preciso tomar a decisão de aprender a esperar.

Interessante identificar nessa metáfora o que é o caminho, a vida de que somos herdeiros. Às vezes, nosso destino se bifurca em encruzilhadas a exigirem decisão rápida e precisa pelo atalho mais justo.

---

3. Vieira, W. *Seareiros de volta*. 4ª ed. Rio de Janeiro: FEB , 1987. A mensagem de João Lustosa chama-se Estados da consciência, pág.112.

Importante saber também a razão do narrador ter escolhido um menino para dar a dica de qual rota seguir. Uma criança é o signo da pureza, da sinceridade e da clareza de intenções.

Outro detalhe instigante: qualquer que seja a escolha, ali à frente o viajante pode encarar jardins e pomares, e não apenas pedras e montanhas. Fica mais agradável encarar o desafio de prosseguir.

Em certo momento da trajetória existencial, somos convidados a avaliar os resultados das escolhas tomadas ao longo da encarnação, se temos fechado bem os ciclos por que temos passado.

Saímos bem da infância? Viajamos de forma valiosa pela adolescência? Usufruímos das vantagens da maturidade? Como está a fase de nossa convivência com a velhice, a estação final desse tempo reencarnatório?

Espero que não tenhamos passado de um período para outro com pendências a resolver da etapa anterior. Se tiver ficado algum resquício lá de trás, nada mais interessante do que resolver isso agora, para chegar à estação do tempo que há de vir com a ficha zerada dos débitos semeados na retaguarda.

Se o empenho para seguir adiante gerar uma crise de superação, que ela seja compreendida e vencida. Aí chegaremos todos na última parada da viagem com a consciência em paz, pelo dever cumprido de ter vivido de forma plena e profunda o ciclo inteiro de uma existência integral. E isso exige a atitude dos vencedores, em que coragem, foco nos melhores resultados, temperança nas decisões e respeito pelas circunstâncias poderão nos fazer espíritos em perfeita sintonia com a onda serena dos corações em regeneração.

Fome de cidadania

Orson Peter Carrara
Matão, SP

Palestrante, editor e autor de livros como *Tensão emocional* e *Espíritos – quem são? onde estão? O que fazem? Por que nos procuram?*

CIDADÃO É O INDIVÍDUO que habita uma cidade, em gozo dos direitos civis e políticos. Já o *direito,* em síntese geral, é a faculdade de deixar ou de praticar algo; é ainda o conjunto de leis e regras.

Cidadania é qualidade do cidadão. Em outras palavras, o modo de ser, sua aptidão e disposição moral para agir em favor da sociedade que integra.

As duas definições abrem perspectivas de entendimento, mostrando a sintonia entre si e a influência recíproca que se exercem mutuamente, já que pelo cidadão se constrói a cidadania e esta influi no cidadão. Fica, portanto, evidente que do papel do cidadão se constrói uma sociedade equilibrada (entenda-se justa e fraterna), que por sua vez proporciona dignidade à vida do cidadão. Isto é cidadania.

Atualmente fala-se muito em terceiro setor. O que é terceiro setor?

É que a sociedade divide-se em três setores de atuação: o primeiro é o governo, responsável pela ordem social e condução da nação, através de seus diversos órgãos. O segundo é o setor privado, constituído das empresas que fomentam a produção industrial, o comércio e os serviços e movimentam a economia, inclusive empregando os cidadãos. Já o terceiro é constituído por organizações sem fins lucrativos - normalmente com objetivos educativos, assistenciais, culturais, recreativos, inclusive de amparo à saúde e às minorias sociais em suas diversas facetas -, e pelas organizações não governamentais (ONGs).

Estão enquadradas neste setor as fundações, as empresas com responsabilidade social, as próprias pessoas físicas e as entidades beneficentes (que, diga-se de passagem, socorrem o país na grave extensão de suas questões sociais).

E aí surge a figura do voluntário: aquele que doa seu tempo, seu talento, de maneira espontânea e não remunerada, para causas de interesse social e comunitário. É uma forma muito positiva de atuação social que caracteriza também a cidadania.

O trabalho voluntário surgiu no Brasil em 1543, com a fundação da Santa Casa de Misericórdia de Santos. Depois vieram a Legião Brasileira de Assistência (LBA), em 1942; as Associações de Pais e Amigos dos Excepcionais (APAEs), em 1961; o Projeto Rondon (1967); a Pastoral da Criança (1983) e a Ação da Cidadania, do sociólogo

Herbert de Souza, o Betinho (1993). No âmbito internacional, em 1863 e 1908, surgiu a Cruz Vermelha. Em 2001, a Organização das Nações Unidas (ONU) declarou aquele ano como o *Ano Internacional do Voluntariado*.

Estamos a relatar estes fatos e a comentar o assunto porque a cidadania reflete a valorização da vida e a promoção da dignidade humana, tão esquecida dos dias atuais. Em última análise, é fruto da solidariedade que, por sua vez, é filha do amor.

Ah, o amor! Somente ele é capaz de se interessar pelas dificuldades alheias. Somente o amor é capaz de sair do comodismo, da indiferença, do egoísmo feroz que gera a violência e voltar-se para o difícil quadro social de idosos, carentes de toda ordem, meninos de rua, dependentes químicos, alcoólicos, órfãos, mães solteiras, analfabetos, desempregados, enfermos em geral. Somente o amor é que move suas ações para a educação e profissionalização de jovens, para a preservação do meio ambiente, para a doação de sangue, distribuição de livros, merenda ou sopão. Ele é que incentiva as pessoas a se oferecerem como voluntárias nos plantões do Centro de Valorização da Vida (CVV) ou em campanhas de vacinação, entre tantas outras iniciativas de promoção e dignidade humanas.

Somente três caminhos, portanto, podem evitar a dor social (ou difícil quadro de dificuldades enfrentado atualmente): a) uma consciência reta do cidadão; b) um coração que ame; c) mãos operosas no bem.

Isso tudo nos leva às sábias e amorosas leis de Deus.

Uma busca em *O Livro dos Espíritos*, de Allan Kardec,

nos situará especialmente nas leis do trabalho, de sociedade, de igualdade, de progresso e liberdade e, claro, na de justiça, amor e caridade.

Detenhamo-nos, contudo, na lei de sociedade, embora igualmente tenhamos um farto material a ser explorado nas demais leis citadas.

Das perguntas 766 a 775, as orientações são claras (destacamos alguns trechos):

a) "(...) Deus fez o homem para viver em sociedade (...)" - 766;
b) "(...) devem concorrer para o progresso, ajudando-se mutuamente." - 767;
c) "O homem deve progredir. Sozinho, ele não pode porque não tem todas as faculdades; é-lhe preciso o contato dos outros homens. (...)" - 768;
d) "(...) Deus não pode ter por agradável uma vida pela qual se condena a não ser útil a ninguém." - 769;

No estudo integral do curto capítulo, vamos encontrar muita informação que fatalmente nos levará ao amplo conceito da cidadania. Afinal, a necessidade de viver em sociedade impõe deveres recíprocos e a imperiosa importância de qualidade nessa vida comum de trocas recíprocas na vivência social. O exercício da cidadania, contudo, não está restrito a ações voluntárias, porque mesmo na atividade remunerada - e amplie-se para o cumprimento dos deveres profissionais - a qualidade do cidadão também pode amplamente se manifestar com a gentileza e a atenção, o exato cumprimento das funções investidas e a noção de agir com honestidade, iniciativa, criatividade e, claro, comprometimento com o que é feito.

Percebe-se, pois, que a sociedade tem, sim, fome de cidadania.

Embora muitos projetos direcionados para essa finalidade e muita gente perfeitamente enquadrada e sintonizada com essa noção, há sempre o que fazer. As circunstâncias alteram os fatos, os seres humanos são e estão sujeitos a instabilidades de toda ordem, requerendo sempre essa vigilância de que constituímos uma sociedade - de tão variados interesses e estágios - a requererem um esforço continuado para que a mentalidade humana coletiva absorva a noção de cidadania que, em síntese, nada mais significa que a valorização do cidadão em suas múltiplas ações. Especialmente para que suas habilidades sejam direcionadas para o bem coletivo, fruto, sem dúvida, da qualidade do cidadão.

E o cidadão, para alcançar essa qualidade nos comportamentos, ações e reações, necessita da educação - outro tema da presente publicação -, onde igualmente há urgente fome coletiva.

Por essas questões todas, compreendemos a nobreza e superioridade dos princípios morais exarados pelo Evangelho de Jesus, cuja síntese é o respeito (no amplo significado do amor) a si mesmo e ao próximo, simultaneamente ao amor a Deus.

Somente neste alimento eterno que fomenta ações equilibradoras da vida individual e social é que nos saciaremos desta fome de dignidade que ainda assola a sociedade, que encontra na cidadania a fonte inesgotável do esforço por uma sociedade melhor.

Melhor que busquemos continuamente as diretrizes do amor para que, ao mesmo tempo em que nos saciemos dessa fome individual, sejamos igualmente aqueles que saciam a fome do conhecimento, da sede de saber, e da geração de virtudes.

O autor é escritor e palestrante espírita. Autor de 15 livros e conhecido nacionalmente, seu trabalho pode ser conhecido no blog:

www.orsonpetercarrara.blogspot.com.

Sociofundador e presidente do Instituto Cairbar Schutel, que pode ser acessado pelo portal:

www.institutocairbarschutel.org.

Fome de conhecimento

José Carlos Leal
Rio de Janeiro, RJ

Palestrante, professor e autor de livros como *Trabalhando para si mesmo, Como aproveitar bem uma encarnação* e *Jesus – o grande vencedor.*

VAMOS, PRIMEIRAMENTE, TENTAR DEFINIR a palavra fome. Fome seria a necessidade de comer, carência de alimentos, inexistência ou necessidade de absorver nutrientes, falta ou escassez de alimentos em determinado local. A palavra fome ainda pode ser utilizada no sentido de desejo, cupidez, ânsia de possuir algo. Do ponto de vista fisiológico, a fome se manifesta de maneira mais suave no fenômeno do apetite ou predisposição para comer. É por isso que, se as pessoas não desejam comer, dizem que estão sem apetite, e os que querem iniciar a comer falam em abrir o apetite.

Neste capítulo, vamos tratar de um tipo específico de fome: a fome de conhecimento. Deste ponto de vista, como acontece no caso da fome física, existe também uma carência de alimento. Só que, neste caso, a carência alimentar não é material, mas espiritual. Ao faminto de conhecimento, não interessa a mesa lauta repleta de iguarias; a necessidade de quem tem esta fome é bem outra.

Vimos há pouco que a predisposição da fome física é o apetite. Pode-se então perguntar: qual é o sintoma da fome de conhecimento? Existe tal coisa? Sim, existe, e seu nome é curiosidade. Sem a curiosidade, o homem não possui o menor interesse pelo conhecimento. Por esta razão, o grande pensador Aristóteles de Estágira (384 - 322 a.C.) teria dito: *O homem é um animal curioso e isso o faz diferente de todos os outros animais.*

Imaginemos que um cachorro esteja sob uma macieira e desta caia um fruto. O barulho chamará atenção dele e mais nada. Um dia, porém, um homem estava embaixo de uma macieira e caiu um fruto. O homem, que se chamava Isaac Newton (1642 - 1727), ficou muito curioso e se perguntou: Por que esta maçã caiu? Por que não ficou parada no ar? Haverá na Terra alguma força que atraia para si os objetos mais pesados que o ar? Estas perguntas e muitas outras que vieram em seguida fizeram o físico inglês estudar o assunto e dar ao mundo a lei da gravitação universal, que explica uma grande quantidade de eventos que se dão na Terra e em todo o universo. No ato de questionar, de fazer perguntas, está uma das diferenças entre os animais e os seres humanos.

Em *O Livro dos Espíritos*, questão 115, encontramos a seguinte frase: *Deus criou os espíritos simples e ignorantes e sem nada saberem.* Esta ignorância primeira não possui comparação com nenhuma forma de inteligência adulta que nós conhecemos. Por isso, estudiosos de metapsíquica de origem espírita como Léon Denis e espíritos instrutores como Emmanuel ensinam que o princípio espiritual, antes de assumir um corpo humano, faz estágios nos três reinos da natureza: mineral, vegetal e animal.

Para que o princípio espiritual evolua, é necessário que ele tenha experiências nas quais adquire conhecimentos que lhe são necessários. Com isso, depreende-se que o conhecimento é a mola propulsora do progresso. Quanto mais o espírito adquire conhecimento, mais avança na escala evolutiva, e quanto menos progride, mais está condenado a se fixar por anos, séculos e mesmo milênios em uma determinada faixa da evolução.

Havia, portanto, no princípio espiritual, a necessidade de conhecimento que deverá aprimorá-lo. A primeira descoberta do espírito, levado pela curiosidade, foi a linguagem. Nos primórdios das civilizações, no período que se convencionou chamar de Pré-história, o homem se viu frente a frente com o real, mas o real não lhe era inteiramente acessível de forma direta, como ainda não o é. O homem buscou compreender que o real, quanto mais avançava na direção dele, mais ele se afastava como se não quisesse se dar por completo ao conhecimento humano.

Foi para resolver essa situação que o homem criou a linguagem, que se torna um meio de o ser humano entrar em relação com o real. Assim, não podendo conhecer o real em sua essência, o espírito humano criou um veículo para abordá-lo indiretamente: a linguagem. Assim, tudo o que sabemos do real é puramente linguagem. Da fusão do real com a linguagem é que surge a realidade com os discursos que lhe são próprios, como a física, a química, a biologia, a astronomia e as matemáticas. Com o tempo, o homem cria a filosofia, a ciência, as artes, que são meras construções linguísticas para que o homem possa se relacionar cada vez mais com o real.

O real, então, é dissecado pela linguagem. Com isso, o homem cria a cultura, tanto em seus traços materiais como nos espirituais. Para estudar a Terra, o homem cria ciências como a geografia, a geologia, a pedologia (ciência do solo), a sismografia, a vulcanologia. Para entender como a vida se manifesta, surgiram a genética, a embriologia, a zoologia, a fitologia ou botânica. Para combater doenças e prolongar a vida, criou-se a medicina, com variadas especializações. Na busca de entender a própria mente, o homem desenvolveu a psicologia; e para a compreensão do mundo, nasceu a filosofia. Na tentativa de melhor convivência em grupo, o ser humano fez nascer a moral, o direito, a sociologia e a antropologia.

O espírito tem a sua origem em Deus. Por isso, há nele uma semente da Divindade. Esta semente pode ficar enterrada, sufocada ou se desenvolver, mas jamais desaparece, pois ela seria em nós algo semelhante a um DNA Divino. Por este motivo, muito cedo, ainda no tempo das cavernas, o homem começou a buscar Deus. Como se deu isso? Em um primeiro momento, ele percebeu que havia coisas que podia fazer e coisas que não podia fazer. Por exemplo, ele podia trabalhar a terra e colocar nela a semente, mas não podia fazer a semente crescer e frutificar. Não podia também trazer a chuva para umedecer o solo nem deter as grandes tormentas, que aumentavam o leito dos rios e ameaçavam-lhe a vida. Não podia fazer com que o sol viesse no inverno rigoroso. Não dominava os ventos, os terremotos, os vulcões e as doenças.

Com isso, ele concluiu que deveria haver forças poderosíssimas, mas invisíveis, que ele não podia dominar e nem mesmo controlar. Desse sentimento de impotência ante os seres misteriosos que ele desconhecia, nasceram a magia, a religião e, mais adiante, especulações filosóficas sobre a Divindade, como a teologia e a teodiceia. Aparecem, também, os livros sagrados, os mitos e os ritos. Esses saberes irão ajudá-lo a melhorar suas relações com a Divindade. Passam também a existir os sacerdotes ou especialistas do sagrado para mediarem as relações do homem com o ser inefável que o criou.

Como esse conhecimento foi conservado através do tempo? Os veículos principais de transmissão do saber são: a arqueologia, os livros antigos, as obras de arte, as bibliotecas e a tradição. Há, entretanto, um outro veículo que a ciência oficial não reconhece mas que, de nosso ponto de vista, é o mais importante. Refiro-me à reencarnação. Em cada vida que vivemos, acumulamos conhecimentos, que são aumentados na vida seguinte. É isso que explica as crianças prodígio como Mozart, Pascal e Paganini, entre muitas outras nas quais, em tenra idade, aflora-lhes à mente conhecimentos que não poderiam ter adquirido na vida física que experimentam.

Muitos dos que leem este livro já viveram no Egito Antigo, na Mesopotâmia, na Índia ou na Grécia. Lá, aprenderam ciências, filosofias e artes que, nesta vida, podem se encontrar adormecidas, mas não perdidas. Este material se manifesta, às vezes, na forma de intuições, vocações, sonhos e habilidades inatas.

A esta altura, podemos perguntar: a fome de conhecimento terá um fim? Para ser honesto e franco, não sei. Contudo, como o saber é infinito e por mais que busquemos o saber total, não o conseguimos, somos levados a crer que esta fome também não tenha fim.

Muitas pessoas acreditam que Jesus teria atingido este grau de saber completo. Será esta hipótese verdadeira? Penso que não, pois o saber completo pertenceria a Deus e, como sabemos, Jesus não é Deus. Espíritos como Jesus pertencem à esfera crística; possuem um alto grau de evolução que não nos é dado nem mesmo imaginar. Todavia, dizer que esses espíritos nada mais têm a aprender não é uma afirmação isenta de críticas - de nosso ponto de vista, naturalmente. Dizem que, certo dia, pediram a um filósofo, creio que Blaise Pascal, que definisse Deus. Ele disse com toda a humildade: *O melhor discurso sobre Deus é o silêncio*. O mesmo eu acho sobre Jesus e seus pares em se tratando de evolução.

E nós, os espíritas? Que pensar sobre o tema fome de conhecimento? Acredito que os espíritas, que possuem uma liberdade intelectual maior do que os membros de outras religiões, poderiam dedicar-se ao saber com o máximo de vigor que lhes for possível sem, entretanto, abrir mão da prática do amor ao próximo.

Vamos encerrar este capítulo com a recomendação

do Espírito de Verdade, que cabe perfeitamente aqui: Espíritas, amai-vos, eis o primeiro mandamento. Instruí-vos, eis o segundo.

P.S.:

À guisa de apêndice, gostaria de lembrar aos leitores a necessidade de saciar a fome de saber através da leitura. Ler é uma das atividades mais interessantes e úteis na vida de uma pessoa comprometida com o crescimento espiritual. A leitura de boa qualidade alimenta a alma, assim como a leitura negativa pode feri-la gravemente, daí a necessidade de se saber escolher entre os bons e os maus textos. Um glutão e um homem de apetite fino comem coisas diversas; assim como um leitor desavisado e um leitor preparado leem coisas também diversas. É fundamental, porém, não esquecer de que devemos estimular nossos filhos à leitura. Pesquisas modernas têm mostrado que as crianças que leem se desenvolvem melhor do que as que não têm esse hábito. Há na televisão uma publicidade que diz o seguinte: *Faça uma criança ler e modifique o mundo.* Eu apenas acrescentaria: *Faça uma criança ler bons livros,* e a frase estaria perfeita.

Feliz o homem que vive cercado de bons livros. Este homem jamais será um solitário, terá sempre um repositório de conselhos edificantes, de imagens poéticas de rara beleza. Poderá conviver na companhia dos homens mais notáveis que passaram por este planeta. É só esticar o braço na direção da estante e pegar *A República,* de

Platão; *A Divina Comédia*, de Dante Alighieri; *A Cidade de Deus*, de Santo Agostinho; *A Ilíada* e *A odisseia*, de Homero, *História de minhas experiências em busca da verdade* – autobiografia de Mahatma Gandhi; as obras da codificação espírita, de Allan Kardec e tantas e tantas outras que estarão à disposição do leitor para que ele possa usufruir de tais companhias, que o ajudarão a dar passos significativos na direção da Grande Luz. Em verdade, terminamos este acréscimo sobre leitura com um conselho do Apóstolo Paulo: *Ler de tudo e reter o que é bom.*

FOME DE CRIATIVIDADE

Paulo de Tarso Lyra
Brasília, DF

Repórter do jornal *Correio Braziliense* e colaborador da revista espírita *Reformador*.

Vós sois o sal da terra. Mas se o sal perder o seu sabor, com o que se há de temperar? Para nada mais presta, senão para se lançar fora e ser pisado pelos homens. Vós sois a luz do mundo. Uma cidade edificada sobre um monte não pode ser escondida. Igualmente não se acende uma candeia para colocá-la debaixo de um cesto. Ao contrário, coloca-se no velador e, assim, ilumina a todos os que estão na casa...

(Mt, 5:14 e 15)

CRISTO, A LUZ PRINCIPAL que passou pelo nosso planeta, ensinou, há mais de 2.000 anos, que a luz serve para iluminar. Nada deve ocultar este brilho, pois isso não ajuda, não ilumina, não conduz, não guia, não edifica.

Luzes escondidas no cesto, sal sem sabor para temperar a vida, tornam a vida sem graça, anódina, cinzenta. Uma vida sem criatividade.

Quem ler essas minhas palavras, poderá, rapidamente, pensar: está louco esse homem? Do que fala ele? O mundo é, sim, criativo. Nunca o pensamento humano viajou tanto, criou tantas coisas maravilhosas, tantos avanços tecnológicos surgiram nas últimas décadas, especialmente nos anos mais recentes. Sem dúvida, experenciamos uma explosão de transformações.

Mas o mundo anda chato. Como diria Cazuza: *Pra quem vê a luz,mas não ilumina suas minicertezas. Vive contando dinheiro. E não muda quando é lua cheia.* Estamos mudando o mundo exterior, mas estamos, de fato, sendo criativos para construir um mundo novo interior? É a partir dele que o universo muda. Caso contrário, nada vai conspirar a nosso favor.

Sim, eu sinto fome de criatividade. Fome de poesia, de luz, de arte, de fotografia. Sinto fome de um mundo melhor, de um local onde as pessoas lutem pelas outras, não apenas por si mesmas.

Estamos sendo criativos para solucionar conflitos? Ou nos limitamos a repetir os modelos dos antigos, a lei do mais forte? Isso tem tornado o nosso planeta mais seguro? Não. Estamos sendo criativos para buscar um equilíbrio socioambiental? Ou despejamos nosso egoísmo sobre os mais pobres e sobre a natureza, esquecendo que, na estrutura pensada por Deus, todos interagem entre si, trocam experiências e dividem soluções e problemas?

Estamos sendo criativos para sequer imaginar que a pessoa ao nosso lado é nosso irmão? Criativos para evitar que tenhamos medo de uma criança de rua, com a mesma idade de nossos filhos e netos? Criativos para ver que elas podem - e devem - ter direito a um futuro diferente?

Sim, eu sinto fome de criatividade. Fome do desejo de pegar o outro pela mão, correr, pular. Nada de ficar esperando o fim do mês para que o próximo salário chegue. A vida é mais do que isso. É muito, é muito mais do que isso. Mas vivemos amarrados a números, a contas, a carnês. Ou a sonhos frustrados. Quando não realizados, eles nos tragam como temporais, e nos sentimos fracassados, impotentes por não corresponder ao que o mundo espera de nós.

Mas o que mundo espera de nós mesmo? Sequer sabemos, já que temos medo até mesmo de perguntar. Repetimos modelos, universais, de felicidade. E não nos perguntamos se essa felicidade é para nós. Ela será suficiente para nos saciar? Pelo que vemos nos dias atuais, não. É apenas uma miragem efêmera, até que escolhamos outro modelo a ser alcançado, anestesiando nossos sentidos mais e mais.

Einstein, uma das mentes mais brilhantes que já passou pela Terra, dizia: *A mente que se abre a uma nova ideia jamais voltará ao tamanho original.* Nada mais lógico, curiosamente elaborado pelo autor da Teoria da Relatividade. Só que nessa sentença nada é relativo, tudo é preciso. O conhecimento modifica, inspira, impulsiona. E saber usar bem o conhecimento é saber ser criativo.

Mais uma vez, você, caro leitor, deve estar se questionando: eu abro a minha mente para novas ideias. Ótimo! É um grande passo. Mas quantos de nós sabemos, simplesmente, reconhecer o direito do outro de ter ideias, comportamentos, escolhas e desejos diferentes dos nossos? Isso também é ser criativo. É aceitar que cada um é uma individualidade. Vivemos em comunidade, mas somos espíritos únicos, criados por Deus, simples e ignorantes, e traçamos nosso próprio caminho rumo ao infinito e à perfeição.

Sim, eu sinto fome dessa criatividade. De aceitar que o irmão é diferente de nós e amá-lo mesmo assim. Os grandes espíritos não discriminam; pelo contrário, eles agregam. Martin Luther King, bastião maior pela luta dos direitos civis nos Estados Unidos, queria que os negros fossem aceitos pela sociedade. Mas não desejava uma sociedade só para eles. *Eu tenho um sonho que um dia, nas colinas vermelhas da Geórgia, os filhos dos descendentes de escravos e os filhos dos descendentes dos donos de escravos poderão se sentar junto à mesa da fraternidade,* declamou, nas escadarias do memorial Lincoln Center, em Washington, naquele que é considerado o principal discurso do século XX.

Em entrevista ao *Programa Starte*, da Globonews, o russo naturalizado americano Mikhail Baryshnikov, disse que, todo dia, ao acordar, se pergunta: *O que eu posso fazer de diferente hoje? Como posso ser mais criativo? O que acontecerá se eu fizer algo que tenho medo de fazer?* Isso o impulsiona para frente. Isso o torna criativo. Estamos falando de alguém que nasceu na Letônia, foi um dos maiores bailarinos clássicos da antiga União Soviética e depois fugiu para os Estados Unidos por discordar do regime comunista.

A partir de então, antes dos 40 anos, por conta de uma contusão no joelho, reinventou-se como bailarino, abandonando o clássico e partindo para o moderno e contemporâneo. Ao seu portfólio artístico, somaram-se, posteriormente, a carreira de ator e, mais recentemente, a de fotógrafo. *O que eu posso fazer de diferente hoje? Como posso ser mais criativo? O que acontecerá se eu fizer algo que tenho medo de fazer?!*, repete ele, aos 66 anos de idade, período da vida em que muitos estão pensando em parar tudo para ´desfrutar um merecido descanso´.

O texto abre com o Cristo e, como não poderia deixar de ser diferente, fecha com o Divino Mestre. *Um homem estava se preparando para ir para outro país, por isso, chamou seus servos e confiou a eles seus bens. Ao primeiro servo, o homem entregou cinco talentos, ao segundo, dois e ao terceiro, o patrão confiou apenas um talento, a cada um de acordo com a sua capacidade. Depois de fazer isso, o homem seguiu sua viagem e os servos ficaram com os talentos que ele havia lhes distribuído.*

Nossos talentos estão em nossa mente. Multipliquemos essas habilidades para que o mundo viceje, avance e evolua. Depende de nós, não fujamos à nossa responsabilidade. Saciemos a fome de criatividade que assola a Terra.

Fome de disciplina

Maurício Mancini
Seropédica, RJ

Professor universitário, palestrante e autor dos livros *Parábolas da boa noite, Conforto nas dores da alma, Lições de amor em duas eras,* entre outros.

O FILHO ADOLESCENTE ABORDA o pai com aquela expressão de aflição tão característica de quem vive um momento de emergência e culpa.

- Pai, me ajude a terminar o meu trabalho de geografia?

- Qual é o assunto?

- A distribuição geográfica dos recursos naturais, principalmente das *Commodities*.

- Mas filho, não entendo nada disso. Teremos que pesquisar. Ainda bem que no seu tempo há as ferramentas da *internet*. Para quando é o trabalho?

- Para amanhã!

- Amanhã?! Mas, quando este trabalho foi passado para você?

- Há três semanas, mas, só agora pude pegar nele!

- Meu filho, por que deixou para fazer em cima da hora?

- Não tive tempo, são muitas as tarefas do ensino médio!

- Opa! Rapazinho! Você se esqueceu de que vive aqui e que te observo o tempo todo? Se havia um trabalho assim tão exigente e para o qual nem você, nem eu temos o conhecimento necessário, por que não aproveitou os momentos do *videogame* ou das conversas nas redes sociais para dar conta dele?

- Mas pai! E o meu descanso e lazer? - alega o filho, justificando-se pela negligência.

- Mas filho!! E os seus deveres? - o pai lhe devolve a pergunta.

- Mas... Mas...

- O tipo de ajuda que lhe posso dar agora é indicar as fontes e permitir que você durma mais tarde para dar conta do seu trabalho.

- Você não vai me ajudar a fazer?

- Filho, esta é a ajuda que lhe posso dar. No mais, já lhe disse muitas vezes que, como um jovem espírita, que reconhece a importância da reencarnação e do tempo que aqui passamos, deve dar mais valor a eles. Para te ajudar a amadurecer, eu respeito o jeito que você escolhe usar o seu tempo, respeito mesmo a sua escolha de desperdiçar o seu tempo, mas não lhe dou o direito de desperdiçar o meu tempo. Amanhã tenho as minhas próprias tarefas a cumprir e preciso ir dormir agora. Aqui estão as fontes de consulta que lhe posso sugerir e, também, alguns *sites* da *internet* que você pode consultar. Tudo mais vai correr por sua conta.

O pai beijou o filho, despediu-se para ir dormir, e o rapaz ficou pesquisando e fazendo o seu trabalho até às duas horas da madrugada. No outro dia, cansado, mas consciente de que nossa indisciplina ante o tempo e a vida sempre tem consequências, foi para a escola e, a partir dali, nunca mais negligenciou suas tarefas

Em meus 38 anos de tarefas espíritas e 23 anos de docência, tenho observado que é generalizada a argumentação de que as tarefas são muitas e o tempo é pouco. Mas será mesmo assim em todos os casos?

É impossível não reconhecer que a chamada sociedade moderna vem criando atividades em quantidade exagerada, algumas vezes superando o tempo humanamente viável para a realização delas.

Porém, vejo que, em grande parte dos casos de sobrecarga, não houve excesso de atividades, mas falta de disciplina.

O termo disciplina parece a muitos como um jugo pesado de ser carregado. Mesmo nos dicionários, as definições não ajudam a compreender a disciplina como uma virtude a ser conquistada, pois é apresentada como um *conjunto dos regulamentos destinados a manter a boa ordem* ou *submissão ou respeito a um regulamento*[4], o que sugere sempre uma imposição externa e o cerceamento da liberdade de agir, tão buscada por todos.

Mesmo no nosso meio espírita, a ideia predominante

---

4. *Enciclopédia e Dicionário*; Abraão Koogan e Antônio Houaiss; Ed. Delta

de disciplina vem espantando muita gente, ainda mais quando contam a célebre conversa entre Chico Xavier e Emmanuel, na qual as três condições para que Chico fizesse um bom trabalho eram *disciplina, disciplina e disciplina*.

Ao ouvir isso, as pessoas costumam pensar que este acordo de trabalho disciplinado entre o médium e o benfeitor espiritual era, na verdade, um "termo de escravidão". Chico deveria abrir mão da sua vontade e da sua liberdade para servir com Emmanuel.

Entretanto, nem Emmanuel e menos ainda a doutrina espírita propõem a anulação da vontade e da liberdade para se chegar à evolução.

Ao contrário, Kardec dedicou um capítulo inteiro da terceira parte de *O Livro dos Espíritos* para tratar do assunto liberdade, no qual se aprende que liberdade é sempre relativa, desde que sejamos levados a conviver, e que só o *eremita no deserto* pode gozar de liberdade absoluta, sob pena de se embrutecer[5].

Afinal, se a necessidade de disciplina não se opõe ao direito de agir com liberdade, é necessário compreender o termo disciplina, não como um conjunto de imposições externas, limitadoras dos indivíduos, mas a percepção íntima das Leis Divinas, que estão *em nossa consciência* e que norteiam a nossa vontade e a nossa liberdade para vivermos as experiências que mais rápida e facilmente nos podem conduzir à evolução e à felicidade, tão avidamente buscadas pela humanidade.

Se a disciplina for percebida como uma força íntima,

---

5. *O Livro dos Espíritos*; Allan Kardec; Ed. FEB.

capaz de nos auxiliar a organizar nossas vidas e ações para o bem, ela deixará de ser o tacão externo e limitador para ser o motor das nossas ações evolutivas.

Nesse sentido, a benfeitora Joanna de Ângelis (espírito) define a disciplina como sendo o *impositivo de alevantamento moral fomentador do progresso, base da paz, de que ninguém pode prescindir*[6].

Mas, como vemos na proposta de Joanna, em perfeita sintonia com a da codificação da doutrina espírita, disciplina nada tem a ver com regras externas, que só existem e são necessárias hoje porque nos falta a percepção íntima do que nos convém fazer para alcançar o progresso e a paz.

Em sentido diverso do que é convencionado pela sociedade, e que a tantos intimida e excita a vontade de infringir as tais "disciplinas sociais", a visão dos espíritos sobre a disciplina não é limitadora, mas orientadora da vontade de agir.

É, ainda, Joanna de Ângelis quem nos ensina que a *educação e a disciplina da vontade*[7] são *atividades libertadoras*, que contribuem de forma decisiva para alcançarmos a superação dos fatores de perturbação como a violência, interna e externa, a vinculação aos comportamentos viciosos e aos desajustes da afetividade, causadores das mais terríveis dores que assolam a sociedade terrena.

Encarar a proposta de disciplina com leveza, com a

---

6. *Convites da vida;* Divaldo Pereira Franco, (Joanna de Ângelis – espírito); Ed. LEAL.
7. *O Despertar do espírito;* Divaldo Pereira Franco, (Joanna de Ângelis – espírito); Ed. LEAL.

convicção de que disciplina também é proposta de liberdade para o espírito é o de que a sociedade tem fome e sede nos nossos tempos modernos.

Essa atitude ante os deveres da vida nos ajudará a perceber que a obediência às normas do bem viver não é uma imposição externa, sempre frágil, mas o *consentimento da razão*, segundo ensinam os espíritos amigos em *O Evangelho segundo o Espiritismo*[8]. Assim, aquilo que a razão reconhece como importante e bom para nosso progresso e nossa paz não será um fardo e nem excitará o desejo de ser infringido.

É a disciplina, esta disciplina íntima, este motor interno que nos conduz que trará a verdadeira ordem e a verdadeira paz ao aparente caos que impera hoje nas coletividades humanas.

É a disciplina íntima que move os cientistas, para que encontrem a cura de doenças, desenvolvam novas tecnologias e melhorem o mundo físico em que vivemos. Sem disciplina íntima, até a ciência terrena mergulharia no caos e na geração de guerras, desigualdade e sofrimentos.

A percepção de que a disciplina íntima é conquista urgente para os indivíduos que evoluem na Terra torna-se patente nas ciências psicológicas. Sem esta disciplina interior, a congruência proposta pelo psicólogo americano Carl Rogers não levará o indivíduo a *tornar-se pessoa*[9], pois recrudescerá o egoísmo e, em vez de plenitude e paz, crescerão o egoísmo, o orgulho e os conflitos inter-

8. *O Evangelho segundo o Espiritismo*; Allan Kardec; Ed. FEB
9. *Tornar-se pessoa*; Carl Ransom Rogers, Ed. Martins Fontes

nos e externos ao ser.

A sociedade moderna tem fome e sede de disciplina íntima, para gerir suas ações, para compreender melhor os seus deveres, para agir em prol da sua felicidade e da felicidade coletiva.

Os agrupamentos sociais que funcionam melhor e de maneira mais harmoniosa não são aqueles que contam com leis rigorosas, com regras absolutas de comportamento, mas são aqueles que contam com o maior número possível de indivíduos que alcançaram a disciplina íntima.

Um fato simples de se constatar nos trabalhos de grupo, orientados pela abordagem centrada na pessoa[10], é que os grupos de encontros para capacitação ou realizações coletivas que melhor funcionam, aqueles que, de fato, dão certo, produzem resultados positivos individual e coletivamente, são os grupos em que a vontade dos participantes está disciplinada pela percepção íntima dos objetivos superiores que desejam alcançar, ou seja, aquelas coletividades em que a vontade está disciplinada pelo sentimento íntimo do progresso, da paz e do bem.

Diferentemente do que se observa com as regras externas impostas, que causam "indigestão" espiritual, moral e social, a disciplina íntima alimenta a sociedade e o indivíduo, dando-lhes o vigor para serem os artífices da sua felicidade e da sua paz.

Por isso temos tamanha fome e sede de disciplina íntima, daquela que vem de dentro para fora e que não

10. *Grupos de encontro;* Carl Ransom Rogers, Ed. Martins Fontes

pesa, pois esta força organizadora é capaz de, associada ao amor, trazer harmonia, paz, equilíbrio e felicidade para os indivíduos e para as coletividades.

Para encerrar estas minhas reflexões eu gostaria de sugerir que inseríssemos mais disciplina íntima em nossas dietas da alma, para garantir a saúde espiritual e social que todos desejamos.

Fome de educação

Marcus De Mario
Rio de Janeiro, RJ

Educador, palestrante, diretor do Instituto Brasileiro de Educação Moral (Ibem) e autor dos livros *Espiritismo e cultura, O homem de bem* e *É preciso amar*.

Acessemos a internet para uma pesquisa sobre educação. Priorizando os principais sites noticiosos, inclusive os jornais e revistas que também possuem versão *on line*, verificaremos um grande equívoco. A maioria publica notícias, reportagens e artigos relativos aos vestibulares para o ensino superior, ou atém-se às provas nacionais de avaliação do ensino fundamental e médio. Será isso a educação? Certamente que não. Na verdade é uma abordagem sobre um dos aspectos do ensino, mas, sem nenhuma dúvida, é um grande equívoco, pois a educação fica soterrada sobre a avalanche de avaliações e vestibulares. E ainda há o equívoco de verificarmos que as escolas possuem a tendência de transformar seu ensino em preparatório para tais provas e concursos.

Tudo isso é lamentável, pois o essencial está um tanto quanto perdido. E que essencial é esse? É a preparação da criança e do jovem para a vida, sensibilizando seus sentimentos e desenvolvendo seu senso moral.

Isso só pode acontecer se tivermos clara resposta a uma pergunta: Qual é o sentido da vida? Ou seja, por que e para que vivemos? E não basta responder que vivemos para amar, pois essa resposta é vaga, fica na superfície, embora, em princípio, esteja correta. É que nem sempre sabemos o que é o amor, seus graus, suas manifestações e a aplicação no cotidiano do viver. Então é preciso aprofundar o entendimento, senti-lo e trazê-lo para nossas ações no mundo, ou seja, com os outros.

Na atualidade, temos assistido cenas muito desagradáveis, mesmo assustadoras na convivência humana. Ainda temos presentes na sociedade a hediondez, a violência gratuita, o egoísmo feroz. E a criança não escapa a essa verdadeira tragédia humana. Hoje temos o quadro de bebês estressados, com sintomas depressivos, necessitados de tratamento especializado. E a gama de jovens sem perspectiva de futuro? Onde está o sentido da vida? Por que não falamos nem discutimos isso na escola? E a família, o que está fazendo a esse respeito?

Contudo, nada está perdido. Desde a segunda metade do século dezenove estamos vivendo o tempo de transição de planeta de provas e expiações para planeta de regeneração, de acordo com os processos estabelecidos pela Lei Divina, que leva em consideração o respeito ao nosso livre-arbítrio, pois nada dá saltos na ordem natural das coisas. Deus sabe, Ele dispõe e, pela lei inexorável da evolução, faz com que Seus filhos - nós - alcancem, mais cedo ou mais tarde, a perfeição. Esse dispositivo divino aguarda nosso concurso, que deve ser acionado pela educação.

Inicialmente a autoeducação, no exercício constante do autoconhecimento. Em seguida o exemplo, que pode contagiar o outro para o mesmo processo, e em terceiro o ensino, que deve priorizar o que é essencial, deixando em segundo plano o supérfluo, o que pode ser aprendido por si mesmo. Aliás, nisso consiste a verdadeira educação, quando estimulamos, para que o educando se motive a querer. O educador incentiva, o educando se motiva. Vamos incentivá-lo para que queira descobrir quem ele é, de onde veio, o que está fazendo aqui e para onde vai.

O espiritismo e o sentido da vida

Os princípios espíritas são grandes incentivadores dessa busca - a essência. Com a aplicação do espiritismo, todo o ensino se renova, pois de há muito tempo temos ensinado muitas coisas, menos o que é mais importante: a realidade de Deus e do espírito imortal. E também a reencarnação e as lições do Evangelho.

O espiritismo nos força a olharmos para a vida de modo diferente, compreendendo que o acaso não existe e que tudo o que fazemos tem consequências imediatas ou futuras, nesta existência, após a morte (que é só do corpo) e depois em outro existir terreno. Tudo interligado. Somos os semeadores de nosso próprio futuro, por isso que fazer o bem é muito melhor que ser responsável pelo mal a outrem.

Educar as novas gerações é a arte de facilitar o desenvolvimento do potencial divino que todos trazemos. Para isso é necessário amar o próximo e amar o que fazemos, pois o amor é a base, é a essência da educação. Não devemos ensinar, mas incentivar, orientar, estimular, facilitar, motivando a criança e o jovem a querer aprender, a querer ser, e não apenas ter.

A melhor práxis pedagógica é conversar, realizando um diálogo instigante e provocativo, levando o educando a pensar diante de situações da vida, colocando-o em posição de olhar o futuro para ele e para a sociedade, sempre a partir da investigação de si mesmo e da vida. É assim que ele, racionalmente, mas também com sentimento, chega à conclusão da existência de Deus e do espírito imortal. Então, ele apreende o verdadeiro sentido da vida.

E nunca mais será o mesmo

Até o mais entranhado orgulho se quedará diante do raciocínio lógico e inquebrantável da doutrina espírita. Até mesmo a mais enraizada indiferença capitulará diante da majestade da vida sob os auspícios de Deus, conforme apresentado pelo espiritismo.

Com os princípios espíritas, a educação não será mais a mesma, e o educando, espírito imortal reencarnado, não será mais o mesmo. Não é possível não se transformar, embora essa transformação leve tempo e, para cada um, tenha um tempo particular.

Trazendo para nossa reflexão as educadoras Dalva Souza e Leila Brandão, no excelente livro *Na medida certa – a educação infantil na visão espírita*, temos que, segundo as autoras, a educação infantil possui três princípios fundamentais:

1º A primeira infância é a melhor oportunidade de progresso para a alma imortal.

2º Nessa fase, o ser se apresenta maleável a novos condicionamentos.

3º Ninguém é filho do erro ou do pecado, somos todos filhos de Deus, criados para o amor e a sabedoria.

Tendo em mente o sentido da vida e sabendo bem aproveitar o período infantil, pela educação conseguiremos desenvolver gerações éticas, moralizadas, em que o Evangelho será luz viva, iluminando por sua vez o viver humano.

A tese da educação moral

Allan Kardec, em seu diálogo com os benfeitores espirituais da humanidade, conforme registrado em *O Livro dos Espíritos*, ao ouvir e meditar sobre as instruções recebidas, conclui que a doutrina espírita tem por finalidade realizar a transformação moral da humanidade, e que isso só poderá acontecer se os espíritas abraçarem a realização da educação moral, no entendimento superior da imortalidade da alma e dos ensinos e exemplos de Jesus.

Mas a educação moral não se circunscreve exclusivamente aos serviços prestados entre as quatro paredes do centro espírita, e não pode ficar restrito apenas ao aspecto religioso do espiritismo. Trata-se da formação do homem e da mulher, do desenvolvimento do seu senso moral, de fazer com que, autonomamente, o ser humano saiba aplicar as duas grandes regras da educação, ensinadas por Jesus: amar o próximo como a si mesmo e fazer ao outro somente o que gostaria que o outro lhe fizesse. A educação moral deve estar presente na evangelização espírita, mas igualmente na família, na escola e nas diversas instituições sociais que compõem a humanidade.

Educar é transformar, é formar, é saber que o ser humano está em constante construção de si mesmo, por ser inconcluso, ou seja, por possuir latentes ou em determinado grau todas as potencialidades, que somente estarão plenamente desenvolvidas, totalizadas, quando chegar ao estado de perfeição, de espírito puro. Esse é o trabalho da educação moral, conforme estudado e demonstrado pelo espiritismo.

Espelhemo-nos em Jesus, o Educador da Humanidade, para que possamos realizar nossa missão com pleno êxito, tendo a consciência tranquila do dever cumprido. Influenciemos a educação escolar e a educação familiar para que o quadro atual de preocupações seja paulatinamente substituído pela esperança e pela fé, pela crença na educação moral. Assim, o egoísmo será substituído pela caridade; o orgulho, pela humildade; e o amor, a base da educação, triunfará em definitivo.

Fome de esperança

Lucia Moysés
Niterói, RJ

Educadora, palestrante e autora dos livros *A evangelização mudando vidas, O desafio de saber aprender, Nas mãos amigas dos pais,* entre outros.

Isaac, um menino de apenas seis anos, passeava pelas ruas de Madri com seus pais. Estava de férias e se maravilhava com o que via. O dia, apesar de muito frio, parecia-lhe magnífico. A perspectiva de andar de metrô o encantava.

Seguia alegre e falante, olhinhos curiosos em busca de novidades. De repente, por entre o vaivém das pessoas que passavam apressadas pela estação do metrô, percebe uma senhora idosa sentada no chão. O agasalho curto e ralo deixa entrever que teve uma perna amputada. Ao desamparo, pede esmolas. O menino estanca o passo, puxando os pais pelas mãos, forçando-os a parar. *Mãe, por que ela está ali? Onde estão seus filhos? Quem vai cuidar dela? É uma vovozinha, mãe!* E diante das explicações dos pais de que se trata de uma mendiga tentando arranjar algum dinheiro para se alimentar, lágrimas sentidas começam a escorrer por sua face rosada. Desolado, ouve a explicação de que nada pode ser feito a não ser colaborar com algumas moedas. Pegando aquelas que seu pai lhe oferece, se abaixa e estende a mão para a senhora, que as recebe e sorri agradecida.

É hora de prosseguir o passeio. Entram na estação, mas o menino não consegue parar de chorar. O quadro que ficou para trás não sai da sua mente. Faz perguntas, tentando entender como é possível que alguém necessitando de tantos cuidados esteja passando por uma situação tão desumana. Não acha graça nos passeios que faz. Lembra-se da velhinha a todo instante e volta a chorar. Segue inconsolável.

Horas mais tarde, ante a perspectiva de retornar por aquela mesma estação, pede aos pais que comprem alimentos para ofertarem à senhora. E então, com a sacola na mão, apressa os passos. Busca, em vão, encontrá-la. Mas ela não está mais ali. Inconformado, retorna para o hotel e naquela noite foi difícil consolá-lo. As férias perderam o colorido a partir de então.

Levando uma vida de conforto material e de cuidados paternos, Isaac não conseguiu aceitar as duras regras da sociedade moderna, que deixa ao abandono quem deveria estar atendido em suas necessidades físicas e emocionais. E por isso sofre.

Esta história triste nos foi contada por sua mãe, uma brasileira que vive em Londres. E ao ouvi-la, pensamos: os sentimentos expressos pelo menino são um sinal de que podemos ter esperanças de um mundo melhor.

Vive-se hoje em uma sociedade marcada pelo hedonismo e "presentismo". Querer ser feliz a qualquer preço, ter prazer o tempo todo e sem se importar com o próximo define o primeiro. E o segundo pode ser traduzido pelo sentimento de que se está congelado no presente, dominado pela urgência do momento que obriga cada um de nós a se conectar com tudo, o tempo todo. O fenômeno também se expressa pelo desejo de aproveitar a vida agora, não se importando com o amanhã. Na medida em que tais manifestações vão ganhando espaço no coração do homem, também cresce sua cegueira diante dos infortúnios alheios. Indiferente, prossegue sua vida distanciado dos sentimentos de piedade e compaixão.

Nos países europeus, ao lado desses fenômenos, a negação da paternidade divina é uma bandeira que os materialistas empunham com vigor. Pregada e vivida pelas novas gerações de pais, sua disseminação se espalha por toda parte. Como consequência, também os valores morais proclamados pelo Evangelho do mestre Jesus estão caindo em desuso.

Mas a Providência Divina, sempre atenta às nossas necessidades, está permitindo renasçam na Terra espíritos dotados de bons sentimentos, fruto de suas conquistas morais em vidas anteriores. Espíritos que trazem os germens do amor ao próximo em seus corações e que fazem vibrar em nós a chama da esperança.

Sim, temos fome de esperança! Queremos continuar acreditando na força da lei do progresso, que fará do nosso orbe um mundo de regeneração espiritual.

Sim, temos necessidade da esperança porque ela é o combustível que nos mantém vivos.

Dados de pesquisa vêm comprovando que a confiança no futuro é muito mais do que uma força propulsora: é garantia da saúde do nosso corpo. Estudos científicos de há muito vêm comprovando a relação entre o equilíbrio corpo e mente. Viver descrente e desesperançado, dominado por tristeza e desânimo, é porta aberta para a depressão e, em casos mais graves, para o suicídio.

A desesperança tem um efeito devastador em nossas vidas, é o que afirma o renomado neurocientista António Damásio no livro *Em busca de Espinosa: o prazer e a dor na ciência dos sentimentos.*

Sustenta o autor que a natureza (ele prefere usar este termo; nós diríamos: Deus) dotou o homem de mecanismos automáticos para a manutenção da vida e do bem-estar e deu-lhe os sentimentos que o ajudam a discernir o que é bom ou ruim para a sua felicidade. A felicidade - bem o sabemos - varia de pessoa para pessoa. Para algumas é encontrar resposta para um anseio que as atormenta: qual é o sentido da vida, de onde vem, qual é o seu destino? E esta foi uma preocupação que acompanhou o homem desde o alvorecer da humanidade.

Para Damásio, quando o homem primitivo desenvolveu a memória e passou a perceber que a doença e a morte lhe apontavam sua finitude, foi tomado por um profundo pesar. De que valeria viver se sabia que caminhava para o fim, para a destruição e para o nada? Para esta parcela de seres humanos, não restou alternativa a não ser se entregar à paralisia e ao desânimo, assinando, assim, a própria extinção. Desapareceu por não ter alimentado a esperança buscando uma saída.

Mas um fenômeno curioso ocorreu com a outra parte

dos homens primitivos, aqueles que apesar da evidência da sua finitude, reagiram. Buscando uma comunhão com o divino, e, sobretudo, crendo na continuidade da vida em outra dimensão, esse homem venceu o medo da morte. A alegria e a esperança que a partir de então assinalaram os seus dias ajudaram-no a manter-se vivo e a gerar descendência. Percebendo-se como um ser inter-relacional, desenvolveu padrões éticos e sentimentos morais, que permitiram viver em harmonia consigo mesmo e com o próximo. E, como nos assegura o neurocientista, foi assim que a humanidade desenvolveu a parte do cérebro que responde pelos nossos sentimentos mais nobres, entre outras funções.

Portanto, ai de nós, seres humanos, se deixarmos morrer em nós a esperança. Precisamos cultivá-la com doçura e esmero. Que cada gesto de nobreza que vemos surgir nos corações daqueles que renascem na hora presente seja o adubo que a faça crescer vigorosa rumo ao infinito.

E se por acaso ainda insistirmos em não perceber que ela floresce ao nosso redor, vale a pena nos lembrarmos do crescente número de instituições dedicadas ao bem, dos incontáveis movimentos que se fazem em torno da paz, dos inquestionáveis avanços científicos em prol do bem-estar do homem. Ou ainda nos darmos conta dos profundos esforços de homens e mulheres que dedicam as próprias vidas ao cuidado dos excluídos da Terra, aos menos favorecidos, aos que sofrem pelas ruas como a velha senhora que comoveu o coração do pequeno Isaac.

FOME DE FÉ

Luzia Mathias
Rio de Janeiro, RJ

Médica, palestrante e autora de vários livros.
Entre eles, *Método de autocura e*
Você e a vida superior.

Em qual fome Deus nos chama pelo nome?
Salgado Maranhão

– VOCÊ TEM FOME de quê?

Diante da pergunta instigadora proposta a nós todos, cooperadores e leitores deste livro, a resposta "de fé" surge de pronto em meu espírito como sendo a expressão do bem supremo, catalisador de progresso e agente de superação de toda e qualquer dificuldade; da ignorada fome primordial do ser humano, que se manifesta em nossa habitual fragilidade espiritual, psíquica e física.

Convido o amigo leitor a compartilharmos algumas reflexões sobre a relação entre fé e felicidade, carência e plenitude, fome e saciedade. Que de tais reflexões, além de tirar algum alimento imediato para nossa fé, possamos criar um programa pessoal de nutrição que nos permita robustecê-la cada vez mais.

Em geral, não percebemos que estamos carentes de fé. Estamos ocupados (e muitas vezes preocupados) com as questões ditas práticas do dia a dia, como problemas de saúde, conflitos familiares e sociais, dificuldades financeiras e outras que tais. Todos nos ocupamos das mesmas questões, mas nem todos as vivenciam do mesmo modo. O que quero aqui estabelecer é que a questão da fé é determinante na forma, intensidade e, sobretudo, no proveito com que experienciamos tais questões.

Observando que as mesmas situações de sofrimento não atingem a todos nós de igual maneira, perguntamo-nos o que causa tal diferença. O que afinal determina a serenidade com que alguns enfrentam os mais complicados desafios da existência, dores físicas e morais, frustrações, reveses de natureza variada enquanto outros tantos são levados ao desespero, ao desânimo, aos estados patológicos de ansiedade?

A resposta está na fé. Fé em Deus; fé em si mesmo; fé no futuro... Fé.

A ansiedade e sua companheira inseparável, a depressão, causadoras ambas de suicídios diretos e indiretos, são sinais de insuficiente desenvolvimento da assim chamada fé. Demonstra que se está faminto, desnutrido de fé, embora dificilmente aquele que sofre identifique na sua pouca fé a causa do sofrimento em si mesmo, nem tampouco a origem de complicações e agravamentos das situações existenciais causadas pelo descontrole de emoções como medo, incerteza e desesperança.

Certa história de ensinamento conta que um alpinista, após ter sido alcançado por inesperada avalanche, despenca de grande altura e vê-se, na escuridão da noite, seguro por apenas uma corda, suspenso sobre o vazio. Acreditando nada poder fazer para salvar a si mesmo, numa prece emocionada, pede a Deus que o ajude. Ouve então, na acústica da alma, uma voz que lhe pergunta:

- Você crê em mim?

Sem parar para pensar, aflito responde que sim, e fica aguardando o milagre.

Mas em vez de se ver magicamente a salvo em algum lugar seguro, o que percebe é a mesma voz que lhe ordena, categórica:

- Se você crê em mim, corte esta corda!

O pobre alpinista não consegue cortar a sua ligação com aquilo em que realmente confiava: a sua corda. E agarrado a ela, exausto e dolorido, vê, quando o dia amanhece, que estava a apenas dois ou três palmos do chão.

Todos temem o sofrimento, seja na forma de perdas materiais, afetivas, de doenças, da morte. É natural que lancemos mão de expedientes de segurança, mecanismos de defesa, a fim de evitarmos aquilo que possa vir a nos causar sofrimento. Não apenas é natural como correto, por exemplo, pouparmos recursos para usar em caso de necessidade, garantirmos ambiente seguro para crianças e idosos, orientarmos os jovens sobre os perigos do mundo, fazermos exames preventivos de doenças, planos de previdência que nos garantam o bem-estar material em caso de doença ou incapacidade para o trabalho etc.

Não obstante tomarmos as referidas medidas de prevenção e cautela, a exemplo do alpinista da história, ainda assim poderemos cair nas situações temidas, porque nunca tudo estará ao alcance de nossos cuidados e precauções. Sabemos disso. E é justamente porque sabemos disso que nos tornamos ansiosos e aflitos ou deprimidos e desanimados, seja diante do sofrimento presente como daquele imaginado quando nos falta a fé; quando não aprendemos a entregar em confiança aquilo que escapa do nosso controle e poder.

E aí, novamente, como o alpinista, na escuridão da noite das situações mais difíceis, como em meio às trevas de nossos medos, nós rogamos a ajuda divina. A resposta terá a clareza e o poder da fé que tivermos conseguido internalizar. Os espíritos mais adiantados, diante das dificuldades que se apresentarem superiores às próprias forças, soltarão, sem pestanejar, a corda da ilusão do controle à qual aqueles menos evoluídos se agarram apenas para constatarem, quando a luz finalmente se fizer sobre a totalidade da situação, que tudo o que tinham a fazer era entregarem-se em confiança; cortar a corda.

Acho oportuno ilustrar o que estou falando com alguns exemplos, embora poucos, apenas para não fugir ao âmbito deste capítulo, porque são inumeráveis os espíritos de fé robusta, e que graças a ela conduzem e sustentam os avanços da humanidade em todas as áreas.

Tereza D'Ávila, em meio às trevas do século XVI, exerceu sua gloriosa mediunidade, escrevendo relatos minuciosos de seus desdobramentos, êxtases e visões. Na condição de mulher, ousou desobedecer ordens de seus superiores eclesiásticos para continuar fundando seus conventos, correndo risco de ser presa, torturada e queimada nas fogueiras da Inquisição. É de Tereza um dos mais belos textos de fé jamais escritos e que tem sido alimento de inúmeros famintos ao longo da história. Diz ela:

> Nada te perturbe, nada te espante,
> Tudo passa, Deus não muda,
> A paciência tudo alcança;
> Quem a Deus tem, nada lhe falta:
> Só Deus basta.[11]

Francisco de Assis dá as costas a todos os confortos, a toda a segurança material de que poderia usufruir para seguir o convite de Jesus para que reconstruísse a sua Igreja. E após viver a vida mais simples possível, acompanhado dos irmãos arrastados pelo magnetismo de sua fé inabalável, chega descalço e maltrapilho ao Vaticano onde, sem se perturbar um instante, recita, diante dos poderosos em suas ricas vestimentas e do papa assentado em seu trono dourado, o Sermão do Monte, dizendo "olhai os lírios do campo...". Sua fé é tão robusta e inabalável que cala os murmúrios do orgulho reinante à sua volta. O papa, ofuscado por tanta luz, se curva para beijar-lhe os pés feridos e sujos.

---

11. Site Pensador em 13/ 01/2015

Teresa de Calcutá escreveu uma lista daquilo que considera maior e mais significativo. E a fé surge em sua lista como a força mais poderosa do mundo. Sua biografia é repleta de situações nas quais aquela mulher, aparentemente tão frágil, enfrentou e venceu verdadeiras muralhas de resistência e preconceito para fazer o seu trabalho socorrista, sustentada pela força de sua fé inabalável.

Fora do âmbito da religião, têm demonstrado sua fé cientistas, pesquisadores, líderes de coletividades, perseguidores do belo nas artes, que a despeito da descrença geral, dos inúmeros esforços fracassados, da fragilidade humana ainda presente em seus corações, prosseguiram e prosseguem agora mesmo movidos pela fé que têm na possibilidade de realizar algo sublime. Neste caso demonstram fé no futuro e em sua própria divindade.

Olhando a situação complexa de sua pátria, no que diz respeito ao racismo e à exclusão social sofridos por seu povo em seu próprio país, diante dos abusos ali praticados pelas grandes potências mundiais, Nelson Mandela não fica paralisado e dedica toda a sua vida - boa parte dela vivida em prisões - a mudar esta realidade. É dele a frase: *Tudo é impossível até que seja feito*, que se constitui num alimento substancioso para nós, famintos de fé, diante de desafios que surgem em nossas vidas.

Sendo a fé no futuro condição essencial para a felicidade, apontada pelos espíritos na resposta à pergunta 922 de *O Livro dos Espíritos*, de Allan Kardec, fica fácil compreender o bem-estar, o entusiasmo e a produtividade demonstrada por aqueles seres bem nutridos de fé.

Diz o dito popular que a fé não se prescreve porque não basta desejá-la para tê-la; não é vendida em farmácias nem feiras; não é adquirida de modo passivo. É preciso ser proativo, buscar, cair, levantar, exercitar, pesquisar, pôr à prova, acumular experiências. É preciso sentir a fome para buscar o alimento, onde quer que se encontre.

Têm sido muitos os meus professores de fé, mas quero destacar a contribuição do escritor e filósofo espírita Léon Denis e do espírito Joanna de Ângelis ao esforço que venho fazendo para robustecer a minha fé e de todos aqueles com quem convivo.

Com Léon Denis aprendi a vivenciar a doutrina espírita em seu tríplice aspecto: filosófico, científico e religioso. Assim, alimento filosoficamente a minha fé cada vez que uma questão qualquer me angustia ou desestabiliza, seja em nível pessoal ou geral, e me pergunto o que a doutrina espírita tem a dizer sobre a questão ou como os postulados básicos dão sentido a tais questões aparentemente insolúveis que cotidianamente nos visitam.

Do ponto de vista científico (como fazia Denis) o acompanhamento das pesquisas e descobertas de todos os cientistas da atualidade que investigam a temática espiritualidade e ciência são grande nutridores da fé raciocinada.

Também com Léon Denis aprendi a desenvolver o que ele chama de sentido íntimo[12] e dialogar com Deus na natureza e no templo vivo da consciência, vivendo momentos de elevação e espiritualidade, experimentando

12. *O problema do ser, do destino e da dor*; cap. 21

religar meu espírito ao pensamento e amor de Deus no qual estamos, ainda inconscientemente, mergulhados.

Com Joanna de Ângelis, aprendi que: *O ser deve se elevar a Deus, não apenas para pedir e buscar benefícios imediatos, mas também para manter-se em harmonia com a própria vida.*[13] Buscando, como ela recomenda, conversar com Deus, no recolhimento, exercitando a concentração, o silêncio interior e a escuta na alma da manifestação da centelha divina pelos caminhos da intuição.

Assim, caros amigos leitores, temos diante de nós programas de enriquecimento e fortalecimento de nossos espíritos através do alimento da fé. É neste sentido que a doutrina espírita se apresenta para mim com toda a sua qualidade libertadora do pensamento, incentivadora do progresso espiritual, quando nos oferece a fé raciocinada, em oposição à fé cega que, até aqui, em nossa infância espiritual, nos tem conduzido.

Alimentemo-nos, pois, e sejamos mais saudáveis e felizes.

---

13. *Plenitude*, cap. IX

Fome de felicidade

Ricardo Orestes Forni
Tupã, SP

Médico, palestrante, radialista e autor de livros como *O amor e a multidão dos pecados, A cura pela fé* e *Herdeiros da imortalidade.*

Não se é jamais tão infeliz quanto se crê, nem tão feliz quanto se esperava.
François de La Rochefoucaud.

Quando o organizador do livro que ora está em suas mãos gentilmente me convidou a participar de sua obra apresentando-me uma série de temas, não tive nenhuma dúvida de optar por escrever sobre a *felicidade* por uma razão muito simples: você conhece alguém neste mundo que não deseja ser feliz? Que não tenha "fome" de felicidade? Seria como, a meu ver, perguntar a qualquer criança quem não gostaria de saborear um delicioso sorvete. Alguma criança recusaria? Aliás, esse tema sobre a felicidade foi proposto aos alunos do ensino médio na França e que dá acesso à universidade, conforme reportagem publicada em uma das edições da revista *Veja*.[14]

Vamos a um pequeno trecho da referida reportagem:

> Deve-se fazer de tudo para ser feliz? Essa foi a pergunta escolhida para ser um dos temas da dissertação de filosofia do *baccalauréat* deste ano – o exame de conclusão do equivalente ao ensino médio na França e que dá acesso à universidade. A primeira intenção, bastante evidente, era pôr o estudante diante de um dilema ético sobre as escolhas a serem feitas na busca da realização de ambições e desejos. Ou melhor, sobre os limites das iniciativas a serem tomadas nesse sentido.

Mas, para conquistarmos a felicidade, é necessário defini-la. O que é a felicidade? Depende, não é mesmo? Para o preso a felicidade é a sua liberdade. Para o enfermo, a felicidade será o retorno da sua saúde. Para o seriamente endividado, a felicidade será ter a possibilidade de pagar a sua dívida. Para o desempregado, a felicidade será representada por conseguir trabalho. Para aquele que paga aluguel, felicidade será ter a casa própria. Outros dirão que será trocar de carro ou realizar a viagem dos seus sonhos, comprar um sapato da moda ou uma roupa nova.

Poderíamos ir citando inúmeros motivos que representariam a felicidade para alguém. Perceberam como é

14. SABINO Mário, *Revista Veja*, edição de número 2383, julho de 2014, página 94, Editora Abril.

difícil conquistar a felicidade pela dificuldade em defini--la adequadamente? Mas, você poderia argumentar: a felicidade é ou não é possível de ser alcançada depois que temos a certeza do que ela seja para uma pessoa?

Responderemos com o espírito Joanna de Ângelis no livro *O ser consciente* (psicografia de Divaldo P. Franco):

> O sentido, o significado da vida centra-se na busca e no encontro da felicidade. Constitui o mais frequente desafio existencial responsável pelas contínuas realizações humanas. A felicidade, por isso, torna-se difícil de ser lograda e, não raro, muito complexa, diferindo de conteúdo entre as pessoas em si mesmas e os grupos sociais.[15]

Por seu lado, *O Livro dos Espíritos*, de Allan Kardec, na questão de número 920, afirma que o homem não pode gozar de uma felicidade completa sobre a Terra já que pode se encontrar com provas ou expiações, o que o impediria de ser completamente feliz.

Nesse mesmo livro, na questão de número 922, começamos a encontrar um caminho para a felicidade quando lemos que essa tão almejada felicidade é a posse do necessário para a vida material e a consciência tranquila e a fé no futuro para a vida espiritual.

Agora fica fácil de entender por que Chico Xavier estava sempre com um sorriso nos lábios, embora chorasse por dentro. Apesar de todos os obstáculos com os

---

15. FRANCO, Divaldo P., *O ser consciente*, 13.ª edição, Editora LEAL, página 147, Salvador-BA.

quais teve que conviver e superar, tinha a posse do estritamente necessário sob o ponto de vista material e a plena posse da consciência tranquila e a fé no futuro em sua conduta moral.

O mesmo não teria ocorrido com Madre Teresa de Calcutá? Francisco de Assis? Allan Kardec? Paulo de Tarso? Estêvão, o primeiro mártir do cristianismo? Joana de Cusa? Com Lívia, esposa do orgulhoso senador romano Públio Lêntulus?

Exemplos inesgotáveis de figuras que entraram na posse da felicidade mesmo enquanto em trânsito pela Terra poderiam ser lembrados fartamente. Para podermos concluir e satisfazer a fome de felicidade de todos aqueles que assim desejam (e quem não deseja?), vejamos o ensinamento magistral, verdadeiro mapa do tesouro, deixado por Joanna de Ângelis no livro *Vida: Desafios e soluções*: *A felicidade real independe daquilo que se tem, mas é resultado daquilo que se é.*[16]

Que maravilha! Não sei se para você, amigo leitor ou estimável leitora, esse ensinamento de Joanna se constitui num roteiro seguro, num mapa do tesouro para conquistarmos a felicidade verdadeira, mas para mim é a resposta definitiva a todos aqueles que desejam ser felizes. Por essa diretriz da nobre mentora, é possível sermos felizes enquanto jornadeamos pela Terra em busca de perfeição, porque desvincula o ter como condição para a felicidade e constitui o ser para que essa conquista se efetive.

16. FRANCO, Divaldo P., *Vida: desafios e soluções*, Editora LEAL, página 67, 8.ª edição, 2006, Salvador-BA.

Aquilo que somos é intrínseco ao indivíduo, é propriedade do espírito que seguirá com ele para onde for. Já o ter é propriedade do homem físico que se extingue com a morte do corpo, por mais que dure uma existência na face do planeta. O dinheiro, as propriedades, os títulos conferidos pelos homens, a posição social de importância, o carro novo, a residência luxuosa, o figurino da moda pertencem ao homem físico, que se inicia no berço e se encerra, inapelavelmente, no túmulo. Já o amor, a fraternidade, a caridade, o perdão, a solidariedade, a renúncia, a compaixão, a tolerância, a compreensão, confeccionam o ser que pode ser plenamente feliz mesmo nos embates mais árduos que o mundo se lhes apresente.

Vejamos a belíssima poesia chamada *Felicidade,* do grande poeta Vicente de Carvalho.

Felicidade

Só a leve esperança, em toda a vida,
Disfarça a pena de viver, mais nada:
Nem é mais a existência, resumida,
Que uma grande esperança malograda.

O eterno sonho da alma desterrada,
Sonho que a traz ansiosa e embevecida,
É uma hora feliz, sempre adiada
E que não chega nunca em toda a vida.

Essa felicidade que supomos,
Árvore milagrosa, que sonhamos
Toda arreada de dourados pomos,

Existe, sim, mas nós não a alcançamos
Porque está sempre apenas onde a pomos
E nunca a pomos onde nós estamos.

Para sermos felizes é que a Providência Divina nos criou um dia.

No final do seu lindíssimo poema, o poeta conclui pela existência da felicidade. Entretanto, nos faz a advertência de que sempre a colocamos onde não estamos.

Se você insistir em colocar a felicidade no ter e não no ser, continuará nessa posição da qual o poeta nos fala.

Vamos colocar a "árvore de dourados pomos" - o ser - onde nós estamos?

Seja feliz porque a felicidade é possível sim!

Muita paz!

Fome de fraternidade

Danielle Monjardim
Rio de Janeiro, RJ
Advogada, cientista política, psicoterapeuta e articulista espírita.

FOME DE FRATERNIDADE. QUANDO falamos em fome, logo pensamos numa necessidade básica de sobrevivência que precisa ser atendida. E isso nos remete a alimento, por conseguinte, a nutrição. Precisamos de alimento para sobreviver! E alimento e nutrição em todos os sentidos: material, emocional, espiritual! No entanto, sofremos de carência de afeto! Sentimos fome de fraternidade, temos fome de nos sentirmos como irmãos, pertencentes a uma mesma e grande família universal, irmãos uns dos outros, companheiros de jornada. O nosso intelecto até aceita filosoficamente essa ideia. Mas não nos sentimos assim.

Uma breve análise de nosso mundo e perceberemos que estamos muito longe de alcançarmos essa condição. Mas, cá entre nós, o que nos impede de sentir o outro como um irmão? Quais os mecanismos internos que entram em ação e nos impedem de viver nesse nível de consciência fraternal no dia a dia?

Quando pensamos em família, logo nos vem a ideia de união, de estarmos juntos em celebrações ou em momentos de dificuldades, a concepção de ajuda mútua, muito embora saibamos que na condição emocional e espiritual de nosso planeta, as famílias muitas vezes são mais desunidas que unidas. Mas estamos refletindo sobre a ideia de família e os sentimentos que essa condição nos desperta.

A condição básica para vivermos num estado de fraternidade permanente é aprendermos a compreender o outro como um irmão de caminhada igual a nós. Nem melhor, nem pior. Alguém que possui experiências, conhecimentos, culturas, crenças, valores diferentes de nós, mas que passa igualmente pelo mesmo processo de evolução que nos conduzirá, cedo ou tarde, ao despertar espiritual. E nos levará à condição de consciências iluminadas. Esse entendimento deveria nos unir uns aos outros. Mas por que isso não ocorre?

Possuímos duas forças básicas atuantes em nosso ser e que nos impulsionam à evolução: A consciência profunda - nosso ser espiritual, possuidor de todo o conhecimento, todas as leis, nossa parte divina - e o ego, essa força estruturada que atua em nossa mente, identificando-nos com tudo aquilo que é ilusório e passageiro: nome, reputação, história de vida, profissão, família, religião, raça, bens, estado civil, poder, posição social, time de futebol, país etc. Ou seja, tudo aquilo que a vida nos oferece como estágio de aprendizado, mas que, passada essa etapa, ficará por aqui. Nossa realidade é o ser, a consciência. E o ego sabe disso, ele sabe que sua fatalidade será integrar-se à consciência ou, pelo menos, viver sob o seu comando.

A função do ego é importante! Ele nos enraíza nessa vida para conquistarmos nosso espaço, produzirmos, concretizarmos. Mas o ego não pode estar no comando de nada porque seus mecanismos de ação são de separação, divisão, defesa. O ego duvida, desconfia, julga, critica e, quando passa a comandar a existência, seus mecanismos são de domínio, busca pelo poder, imposição de conceitos. Orgulho, enfim.

Fomos criados para que nosso eu superior, a consciência divina em nós, assuma o comando de nossa vida para que a nossa realidade espiritual se sobreponha à teia ilusória do mundo. Para isso, precisamos aprender a transcender ao ego. É preciso consciência e muita coragem para enfrentar os seus mecanismos sutis de domínio, identificação e apego que agem em nós, em grande parte de forma automática e inconsciente.

E enquanto o ego estiver no comando de nossas vidas, não haverá espaço para a fraternidade real, pois continuaremos a ver os diferentes como uma ameaça. E na natureza egoica, se o outro é uma ameaça, precisamos nos defender, estar alertas, desconfiar. O ego interpreta dessa forma e é responsável pelos mecanismos de separação, rigidez, padrões de julgamentos, egoísmo e orgulho existentes e atuantes em nossa personalidade.

O caminho para sairmos desse estado de separação e para que possamos viver em clima de verdadeira fraternidade é aceitarmos e permitirmos que a nossa natureza divina - o nosso ser espiritual - assuma as rédeas de nossa vida, coordenando nossas escolhas, inspirando nossa interpretação dos acontecimentos na vida, vendo em tudo finalidade e significado, numa visão além dos limites que a vida na Terra nos impõe. No ser, no espírito, exulta a nossa natureza verdadeira: amorosa, compassiva, compreensiva, misericordiosa, confiante, alegre, expansiva, unida constantemente à fonte de tudo: Deus! E quem vive na abundância dessa companhia de forma permanente não sofre falta, carência ou limitação. Pelo contrário, sente-se integrado a tudo e a todos.

Na grande escola da vida, precisamos estar atentos ao nosso dever de casa: assumirmos a nossa condição de filhos e filhas de Deus, integrados e partes integrantes de toda a Criação. E o sentimento maior a ser ativado em nossa alma é o amor. A chama amorosa que nunca se apaga, nem nunca se apagará porque é parte de nossa natureza divina! O amor, que é a fonte criadora de tudo que existe, o caminho de nossa cura espiritual e de libertação das amarras que nos prendem ao sofrimento. O amor como um estado de ser, um nível de consciência a ser alcançado, que nos redime da sensação de estarmos separados e nos une a Deus, a vida e a tudo.

Quando o amor for verdadeiramente a nossa realidade, a fraternidade será uma condição natural de nossa existência. Tão natural como o ato de respirar.

E a gente respira, simplesmente!

Eckart Tolle , escritor de grande inspiração, no livro *O despertar de uma nova consciência,* esclarece que não precisamos temer o ego. Só precisamos acender a luz da consciência para que seus mecanismos sejam desfeitos.

E de fato, quando conseguimos entrar em comunhão com nossa natureza divina, sentimo-nos expandir. São momentos de grande inspiração, criatividade, coragem. Sentimos um estado de união com tudo que existe: a natureza, o planeta, os outros seres, os amigos e até os desconhecidos!

Essa a nossa natureza! Amorosa, fraterna, bondosa, inteligente, criativa, flexível, terna! Os véus que colocamos sobre essa natureza precisam ser retirados para que ela venha à tona e nos transforme! E nos cure! E nos liberte! Esse o caminho de redenção!

A fome de fraternidade é saciada no momento em que nos sentimos como seres divinos, aptos a amar, fontes abundantes desse amor. Não existe escassez; no estado de amor, quanto mais se dá mais se tem. Nesse estado nada nos ameaça. Então qualquer que seja o acontecimento, sob essa ótica, procuramos entender e auxiliar; com firmeza, mas amorosamente.

Por isso, o mundo tem tanta fome de fraternidade! Estamos acompanhados, mas profundamente sós! Frágeis, cansados, frustrados! Não vivemos a nossa natureza divina, fraterna, lúcida, amorosa... Vivemos no ego.

Chegou o momento do despertar dessa natureza para que possamos ser saciados em nossas necessidades. E a mais profunda delas é o reencontro com a natureza divina, plena de amorosidade e ternura. Isso requer coragem! Coragem de olharmos para dentro e percebermos como temos atuado através da inconsciência desse estado de separação onde existe competitividade. O querer ser melhor, ter mais, aparentar o que não se é, esquecendo nossa natureza. É ela que nos permite viver a singularidade de quem somos com naturalidade.

Temos fome de poder olhar para o outro e ver. Escutar o outro e ouvir. Tocar o outro e sentir. Sem medo.

Aliás, o medo só existe quando estamos na ilusão. Se estamos no espírito, na consciência, temos a clareza. E a clareza dilui o medo. Não há por que se defender. Existe confiança, alegria, sabedoria, prazer em estar junto, aceitando o outro, compreendendo o outro e aprendendo com o outro.

Fome de gentileza

Marcelo Teixeira
Petrópolis, RJ

Jornalista e autor dos livros *Inquietações de um espírita, O espiritismo é pop* e *Provocações doutrinárias.*

Quantas fomes temos, não é mesmo? E pelo que diz a doutrina espírita, todos seremos saciados delas. Não será agora, mas o caminho é sem volta e já começou a ser trilhado. Tanto que estamos aqui, página por página, abrindo o apetite para fomes nunca dantes despertadas e mostrando como podemos buscar a saciedade. Confesso que tenho uma alegria imensa de ter tido a ideia de organizar este livro. É um presente e tanto!

Escolhi falar sobre fome de gentileza, palavra derivada do latim *gentilis* e que significa "da mesma família ou clã", e de *gens*, "grupo de famílias definido no início da formação de Roma"[17]. Ser gentil, portanto, é tratar com nobreza as pessoas; como se fossem todos da mesma família. E não somos? Claro que sim! Alguém duvida?

17. www.origemdapalavra.com.br

Não foi o próprio Jesus Cristo quem disse haver "um só rebanho e um só pastor"? Apesar de todo racismo, homofobia, machismo, preconceito social e religioso ainda existentes, pertencemos todos à mesma família. Ninguém é melhor do que ninguém, embora muitos reacionários de plantão ainda insistam em querer puxar o mundo para trás.

A máxima da gentileza saiu da boca de Jesus Cristo. Quando? Ao dizer "Amai-vos uns aos outros". Muitos desavisados acham essa frase um tanto piegas. Talvez por crerem que amar o próximo seja sair por aí abraçando pessoas indiscriminadamente, chamando todo mundo de irmão e botando a população para cantar, de mãozinhas dadas, a música *We are the world.* Amar ao próximo não é nada disso! Amar é respeitar as pessoas, tratando-as com gentileza no dia a dia.

O escritor e expositor José Carlos Leal, um dos autores desta obra, conta, no livro *Trabalhando para si mesmo*[18], que costumava almoçar num modesto restaurante próximo à faculdade onde lecionava. Certa vez, após saborear um frango com quiabo, pediu ao gerente para falar com a cozinheira. O gerente deve ter estranhado o pedido. Certamente pensou que viria uma crítica à comida. Pelo contrário. José Carlos, antes de tudo, perguntou à cozinheira qual era seu nome. Rosa. Em seguida, elogiou o frango com quiabo. Disse à dona Rosa que o tempero dela lembrava muito o da mãe dele, já falecida. Ato contínuo, lhe deu os parabéns.

---

18. LEAL, José Carlos. *Trabalhando para si mesmo*. Mil Folhas Ed., 4ª Ed., 2000, Rio de Janeiro, RJ

A partir de então, Leal começou a notar que toda vez que almoçava naquele restaurante, era recebido com sorrisos, principalmente por dona Rosa. Notou, também, que a carne não gordurosa ia sempre para o prato dele, que o ovo frito era preparado como ele gostava etc.

Convém ressaltar que o José Carlos não elogiou o frango com quiabo para cair nas graças do restaurante. Dona Rosa de fato cozinhava muito bem, e ele quis externar a lembrança afetiva que o prato - com tempero idêntico ao da mãe dele - provocou. Foi gentil, portanto. E sem perceber, trouxe o pessoal daquele simples restaurante para o clã dele.

Outro fato que muito me chamou atenção se passou na Cidade Maravilhosa, na década de 80 do século 20. Mais precisamente, no bairro da Glória, onde há uma rua chamada Rua da Glória, uma das principais do bairro. De dia, é sede de várias empresas. À noite, vira ponto de travestis.

Um executivo de uma das multinacionais com sede no local de vez em quando saía tarde do trabalho. Por isso, costumava passar por um travesti que fazia ponto em frente à sede da empresa. O homem, sempre engravatado e de pasta na mão, adquiriu o hábito de cumprimentar o travesti. Dizia sempre um boa-noite amistoso e sempre era correspondido. Até que um dia, já perto do automóvel, o executivo foi rendido por assaltantes. Decerto queriam carteira, relógio (ainda não haviam surgido os celulares, *tablets* etc.). Quem sabe até, o carro. Foi quando o travesti disse, em voz alta e incisiva: - *Ele não! Deixem este homem em paz! Ele, eu conheço!* E os ladrões acataram. Graças a um boa-noite cordial, dirigido a uma pessoa que deve sofrer todo tipo de exclusão e discriminação, um assalto não foi realizado. A gentileza é capaz de muitos feitos, pelo visto.

Depois que soube dessas histórias, passei a cobrar de mim uma postura mais gentil.

No *réveillon* de 2008, levei minha sobrinha para ver a queima de fogos na praia de Copacabana, Zona Sul carioca. Fomos de ônibus de excursão de Petrópolis para o Rio de Janeiro, algo comum por essas bandas em época de Ano Novo.

Chegamos por volta das 18h, com o comércio de Copacabana já fechando as portas. Dei uma volta com minha sobrinha e depois pegamos um ônibus até Ipanema, bairro vizinho e muito badalado. Entramos, então, num restaurante. Casa cheia, principalmente de turistas. Pedimos uma pizza, que veio muito bem tirada. Saborosíssima! Quando terminamos, pedi ao garçom que desse os parabéns ao pizzaiolo porque a pizza estava dos deuses. Ao sairmos, vi os dois na porta da cozinha, sorridentes, acenando para mim. Retribuí o aceno e o sorriso. Não fui até eles porque a casa estava lotada e porque, confesso, fiquei meio sem graça. Se fosse hoje em dia, daria um caloroso abraço de Ano Novo. Ser gentil é quebrar barreiras.

Caminhando pela orla, de volta à Copacabana, pus-me a pensar. Aquele pizzaiolo - e todas as pessoas que trabalham em restaurantes, principalmente em feriados - provavelmente deixou a família em casa. Não iria passar a virada do ano com parentes e amigos. Estava lá, num restaurante da Zona Sul carioca, enfrentando o calor do verão e do forno. Decerto, como fazem muitos operários, pegou mais de um ônibus para chegar ao trabalho, não ganha tão bem quanto deveria ou coisa que o valha. No entanto, preparou uma pizza extraordinária para nós. O mínimo que eu podia fazer era ser gentil. E fui. Provavelmente, aquele pizzaiolo entrou em 2008 satisfeito por ter o trabalho reconhecido.

Foram - e ainda são - várias as ocasiões em que elogiei um bom serviço. Certa vez, ouvi do gerente de uma casa de lanches que infelizmente os clientes só abrem a boca para reclamar. Raros são os elogios ou palavras de incentivo. Há, inclusive, num jornal de grande circulação aqui do RJ, uma coluna semanal à qual os clientes escrevem quando são mal atendidos. Uma espécie de boca no trombone. A comida estava fria? O garçom foi pouco atencioso? Saraivada de críticas! Por que não existe uma coluna destinada a elogiar o bom atendimento? Por que só nos mobilizamos na hora de criticar? Se o atendimento foi ruim, reclamamos. Se foi bom, não falamos nada. Onde a gentileza?

Ser gentil, no entanto, não se resume apenas a elogiar um bom serviço. Devemos ser simpáticos com as pessoas, darmos bom dia ou similar (vide o caso do travesti), agradecermos, guardarmos o nome de quem sempre nos atende na padaria, na quitanda, na banca de jornal... Isso cria uma atmosfera de acolhimento e nos aproxima como membros que somos da mesma família universal. Convenhamos: a pessoa está cortando o presunto para nós, está pegando os pães que iremos comer, está nos conduzindo - de ônibus ou táxi - ao nosso destino. E lembremo-nos de que a rotina deles talvez seja bem mais pesada que a nossa. Sejamos gentis, portanto.

No final de 2015, alguns operários da empresa que cuida da água e do esgoto da cidade onde moro (Petrópolis, RJ) vieram canalizar um riacho que passa por trás da rua onde moro e que até então era utilizado como despejo de dejetos. Canalizar o esgoto era uma reivindicação antiga de todos os moradores da rua, onde há, inclusive, uma grande unidade de atendimento de saúde e um posto policial.

Quando a obra estava chegando perto da minha residência, perguntei ao encarregado se eles gostariam de, naquele estágio, utilizar os fundos da minha casa como, digamos, quartel general. Isso porque há um bom acesso ao tal córrego, além de local para virar concreto e um cômodo com banheiro que quase não é utilizado. Lá, eles poderiam descansar, esquentar a marmita, lavar o rosto etc. E também quis saber o nome de cada um.

Com o passar dos dias, fui fazendo amizade com aqueles homens rústicos para os quais as pessoas geralmente não dão a mínima atenção. Fiquei sabendo que dois deles - Dalmo e Francisco - eram pastores evangélicos; que outro - Adriano - tinha problema de glaucoma tal qual minha mãe; que havia um xará meu no grupo e que mais outro - Anderson - gostava de ler e tinha um parente espírita.

Fiquei sabendo também que pouquíssimas pessoas os tratavam como eu estava tratando. Perto do Ano Novo, dei uma caixa de bombom para cada um, além de um livro espírita de minha autoria para o Anderson.

E olha que a obra já havia avançado rua acima, ou seja, eles só estavam indo à minha casa para utilizar as dependências que pus à disposição e que deixei com eles na total confiança. Algo raro, segundo eles. Ao final do processo, havia feito sete novas amizades. Mais sete pessoas simpáticas a mim neste mundo ainda cheio de discórdia e falta de educação. Trouxe-os para o meu clã. Alguns estão no meu perfil do Facebook, inclusive.

Por que fiz isso? Algum interesse pessoal? Não. Fiz apenas pelo simples prazer de ser gentil. É uma das várias lições que tenho aprendido com a doutrina espírita: ser gentil. Tenho fome de gentileza? Então, eu mesmo tenho de ir à luta para saciá-la. Ao fazê-lo, vou amando o próximo como a mim mesmo e fazendo aos outros tudo o que gostaria que fizessem comigo, *pois é nisso que consiste a Lei e os Profetas*, como ensina Jesus Cristo.

E como dizia o Profeta Gentileza, figura muito forte na cultura do Rio de Janeiro: *gentileza gera gentileza*. Sejamos gentis sempre. É um caminho muito legal de ser trilhado, garanto.

Fome de inclusão

Marcos Paterra[19]
João Pessoa, PB

Escritor, professor, palestrante e membro da Associação Médico-Espírita da Paraíba.

Em pleno século 21 e com a recém-criada lei de inclusão[20], muitos podem questionar se a "fome de inclusão" não estaria sendo saciada? E qual seria a participação do espiritismo nesse contexto?

Esse texto foi produzido com abordagem internacionalista. Analisa o homem como um "ser biopsicossocial", sujeito às influências sociais e culturais, que o induzem de maneira subliminar a agir de forma preconceituosa em diversos contextos, causando de forma reflexiva obstáculos para a inclusão.

Culturalmente as pessoas "diferentes" são tratadas

19. Marcos Tadeu Garcia Paterra atua no setor de Reabilitação Auditiva do Hospital Militar General Edson Ramalho (HMER/JP-PB); docente na Cooperativa de Ensino Técnico, Fundamental, Médio e Superior da Paraíba (UNICOOP) e membro da Associação Médico-Espírita da Paraíba (AME/PB). marcos.paterra@gmail.com

20. Lei Brasileira da Inclusão da Pessoa com Deficiência (Lei 13.146/15).

de maneira preconceituosa. É um costume transmitido de geração em geração. Estamos, assim, enfocando que as atitudes racistas e preconceituosas, tão evidentes na nossa cultura, podem estar atreladas à eugenia[21].

Para que possamos entender a eugenia, temos de comentar sobre Charles Darwin[22] em sua obra *A origem das espécies:*

> Entre os selvagens, os corpos ou as mentes doentes são rapidamente eliminados, os homens civilizados, entretanto, constroem asilos para os imbecis, os incapacitados e os doentes e nossos médicos põem o melhor de seu talento em conservar a vida de todos e cada um até o último momento, permitindo assim que se propaguem os membros fracos das nossas sociedades civilizadas. Ninguém que tenha trabalhado na reprodução de animais domésticos terá dúvidas de que isto é extremamente prejudicial para a raça humana.

O pesquisador britânico Francis Galton[23], baseando-se na seleção natural das espécies exposta nessa obra, desenvolveu uma nova ciência: a eugenia.

Galton definiu eugenia como o estudo dos agentes

21. Eugenia - é um termo cunhado em 1883 por Francis Galton, significando "bem nascido". A eugenia é a filha dileta de Darwin: se as espécies se transformam por "seleção natural", há raças inferiores e raças superiores.
22. O biólogo Charles Robert Darwin (1809-1882), trata o homem enquanto ser biológico, ou seja, animal. O estudo que Darwin realiza tem como foco o desenvolvimento da vida ao longo do tempo no planeta.
23. Francis Galton (1822-1911) decidiu investigar como a genética influenciava o surgimento de mentes superdotadas. Galton tinha um primo que se encaixava na denominação de gênio, seu nome era Charles Darwin.

sob o controle social que podem melhorar ou empobrecer as qualidades raciais das futuras gerações, seja física ou mentalmente. Em outras palavras, melhoramento genético. Seu objetivo: o aperfeiçoamento da espécie humana por meio de casamentos entre os "bem--dotados biologicamente" e o desenvolvimento de programas educacionais para a reprodução consciente de casais saudáveis. Para o eugenista Galton o mongolismo[24] seria: *[...] a degeneração da raça em direção regressiva, de modo a se multiplicarem os nascimentos de tipos étnicos já ultrapassados na história da humanidade.* (apud PESSOTTI, 1984, p. 143).

O passar dos anos mostrou-nos que o mau-trato para com o diferente era uma maneira de excluir o que, na visão eugenista, seriam "seres defeituosos".

Sob o prisma espírita, destacamos que somos reencarnantes. Vivemos entre os selvagens da pré-história, onde não havia afeto familiar; fomos pertencentes às massas que ignoravam a infância e tratava as crianças como adultos. Portanto, carregamos essas informações latentes em nosso perispírito, e muitas vezes ainda confusos com as mudanças culturais, agimos de impulso. Atrelados na ignorância espiritual, deixamos extravasar o ser presos a paradigmas do passado que carregamos dentro de nós.

Percebemos que a construção de nosso "ser

24. Mongolismo – também chamada de Síndrome de Down ou trissomia 21, é um tipo de deficiência mental. Seu fenótipo, mais conhecido, são feições de "mongoloide".

cognoscente"[25] está vinculada diretamente à cultura social e familiar, formando, assim, paradigmas que alimentam nossos preconceitos, os quais são expostos muitas vezes na forma dos diversos tipos de crueldade e/ou segregação.

Allan Kardec, na questão 754 de *O Livro dos Espíritos*, esclarece:

> A crueldade não derivará da carência de senso moral?
>
> Dize que o senso moral não está desenvolvido, mas não que está ausente; porque ele existe, em princípio, em todos os homens; é esse senso moral que os transforma mais tarde em seres bons e humanos. Ele existe no selvagem como o princípio do aroma no botão de uma flor que ainda não se abriu.

Voltando ao século 21 e à fome de inclusão, entramos no contexto da "humanização", o qual implica diretamente na evolução do homem, pois ele tem o propósito de aperfeiçoar as suas aptidões através da interação com o meio no qual está envolvido. Temos de enfatizar que a humanização e a inclusão estão intrinsicamente ligadas, e não há como raciocinar sobre uma sem envolver a outra.

As instituições espíritas ao longo dos anos se adequaram para o convívio com o "diferente"; muitas insti-

25. Ser cognoscente é quando se aprende na interação com o meio e com os outros, construindo sua identidade para alcançar o conhecimento e a autonomia.

tuições espíritas têm trabalhos sérios e de destaque. Alguns para inclusão social. Criam-se creches e/ou escolas que atendem crianças carentes. Outras possuem atendimento médico ou psicológico para deficientes físicos ou mentais. Mas são poucas e prestam atendimentos específicos. As crianças deficientes, porém, têm dificuldades para frequentar ou mesmo serem evangelizadas nas referidas instituições.

Os centros espíritas adequaram as estruturas físicas para que possam receber cadeirantes. Em vários deles, há livros adaptados para o Braile[26] e também "audiobooks"[27]. Todavia, nossos expositores, dirigentes, evangelizadores, voluntários ou colaboradores aparentemente não estão preparados.

A inclusão se baseia em vários conceitos. Dentre eles, podemos frisar a necessidade de o deficiente ser uma pessoa que se encontra dentro de um grupo, sendo tratado com igualdade, carinho e respeito como a pessoa única que é. Resumindo, ele tem de ser inserido de modo a sentir "bem-estar pessoal e social". Mudanças estruturais para deficientes não terão usuários com deficiência.

A humanização/inclusão no espiritismo implica uma mudança na gestão das instituições espíritas e seus serviços. Essa mudança altera o modo como usuários e voluntários da casa interagem entre eles. Assim, um dos seus principais objetivos é fornecer um melhor atendimento dos frequentadores e melhores condições para

26. Braille ou braile: sistema de leitura com o tato para cegos inventado pelo francês Louis Braille no ano de 1827 em Paris.

27. Audiobook, audiolivro ou livro falado é uma gravação do conteúdo de um livro lido em voz alta.

voluntários do centro espírita.

A inclusão tem início dentro da estrutura interna da instituição espírita através da humanização. O espírito Joanna de Ângelis, através do médium Divaldo Franco, na obra *Novos rumos para o centro espírita*, afirma que *é necessário espiritizar, qualificar e humanizar o centro espírita.*

Convém esclarecer que espiritizar tem o sentido de resgate, de atrair as pessoas que frequentam o centro espírita para que se tornem praticantes, aceitando o espiritismo e não querendo ser adotados por ele, permitindo que o espiritismo entre neles e não apenas eles entrem no espiritismo. É viver a doutrina como ela é, na sua essência, sem adulterações, ou adaptações.

Qualificar significa adquirir conhecimento necessário à tarefa do bem; é saber o que fazer e como realizar. Como nos diz Divaldo Franco *[...] buscar a qualificação espírita é tentar saber realmente o que é o espiritismo (...) procurar melhorar as qualidades morais, sociais, familiares, funcionais e as de trabalhador da casa espírita...*

Humanizar é a caridade na sua mais pura expressão. Humanizar é o oferecer-se, o despersonalizar-se, libertando-se do ego dominador para se dedicar ao próximo. É a percepção de que tudo o que se faz visa o ser humano, espírito imortal, rumo à perfeição.

Nos centros espíritas, as portas devem estar abertas para o atendimento e interação com crianças, adolescentes e adultos com deficiências. Nesse quesito, a evangelização infantil já abordando a igualdade e o preconceito tem muita relevância.

O planejamento de políticas socioeducacionais na

estrutura doutrinária e práticas pedagógicas inclusivas garantem a permanência, a formação de qualidade, a igualdade de oportunidades e o reconhecimento das diversas e complexas deficiências de todos os envolvidos na instituição.

Acreditamos que ainda enfrentamos um paradigma cultural enraizado nos conceitos eugenistas, no qual o que é diferente/deficiente deve ser excluído, e só através da reencarnação é que poderemos expurgar esse mal.

Kardec, em *A Gênese*, aponta:

> [...] na reencarnação desaparecem os preconceitos de raças e de castas, pois o mesmo espírito pode tornar a nascer rico ou pobre, capitalista ou proletário, chefe ou subordinado, livre ou escravo, homem ou mulher. Se, pois, a reencarnação funda numa lei da Natureza o princípio da fraternidade universal, também funda na mesma lei o da igualdade dos direitos sociais e, por conseguinte, o da liberdade.

Referências

Darwin, Charles Robert. *A origem das espécies*. teoria da evolução dos seres. (1859) São Paulo, EDUSP, 1985.

Franco, Divaldo P. *Novos rumos para o centro espírita*. Ed. LEAL. Salvador, BA. 1998.

Kardec, Allan. *O Livro dos Espíritos*. Ed. FEB. Rio de Janeiro 1999.

_______, Allan. *A Gênese - Os milagres e as predições segundo o Espiritismo*. Ed. FEB. Rio de Janeiro. 2007.

Fome de Jesus

Cezar Braga Said
Nova Iguaçu, RJ

Palestrante, psicólogo, educador e autor dos livros *Meditando com você, Centro Espírita: tendências e tendenciosidades, Deus contigo,* entre outros.

Fome é a expressão de uma necessidade orgânica de comer, ingerir alimentos que possam suprir uma carência de nutrientes básicos responsáveis pela manutenção do nosso corpo. Mas fome expressa também outras necessidades nutricionais, não orgânicas, mas existenciais, espirituais, afetivas, que se não forem atendidas podem nos conduzir a um estado de desnutrição preocupante.

Dentre as diversas fomes que carrego, uma delas é a de conhecer, sentir e viver mais a proposta cósmica de Jesus de Nazaré contida em seu Evangelho de amor.

Falo de Jesus de Nazaré por ser ele o homem com corpo físico, local de nascimento conhecido, tempo de vida identificado, feitos e relações divulgados pelos evangelistas e pelos historiadores que se debruçaram sobre a sua fecunda existência. O Cristo, o ser anunciado pelas profecias e desfigurado pelas traduções bíblicas, é para mim uma figura mitificada que se distanciou da nossa pequenez e veio dividir a história em antes e depois da sua passagem.

Jesus de Nazaré é um homem terno, afetuoso, amigo dos seus amigos e inimigos, cuja face humana arrebata por querer ensinar aos seus companheiros como acender a luz em si mesmo, como tornar o jugo das provações mais suave e o fardo das expiações mais leve. Ele reencarna, vive e desencarna passando por processos similares ao que preside nosso processo evolutivo para nos dizer que é possível *estar no mundo sem ser do mundo.*

Assim, tenho fome desse Jesus humano, por isso mesmo histórico, que mesmo sendo psicólogo, administrador do planeta Terra, pedagogo, líder, médico das almas, segue sendo igualmente amigo, simples, próximo, alegre, terno, que conhecendo nossas fraquezas possa estar sempre interessado em potencializar aquilo que nos fortalece dizendo-nos: *Vós sois deuses!*

Que na condição de *guia* aponte sempre o caminho, seja o caminho, desvele paisagens, apresente roteiros, explicando o que nós viajantes precisamos saber para nos manter na rota segura ante os mares revoltos das emoções e os caminhos escarpados das escolhas. Que estando na condição de *modelo* nos permita reproduzir palidamente suas palavras e gestos, até que tenhamos maturidade e autonomia para fazer nossos próprios rascunhos, ensaiar nossa criatividade, descobrindo outras possibilidades evolutivas na construção da própria individualidade.

Que robusteça nossa autoestima, ajudando-nos a enxergar nas próprias sombras que nos constituem a claridade das débeis virtudes que começamos a desenvolver como sementes que ensaiam o processo de germinação. Que nos diga: *Se tiverdes a fé do tamanho de um grão de mostarda podereis fazer tudo o que faço e muito mais.*

Que nos sinalize quando esta mesma autoestima se transforme em autossuficiência fazendo-nos arrogantes, prepotentes, a ponto de nos julgar melhores do que aqueles que nos cercam, desenvolvendo um *complexo de virtuosidade* que muitas vezes é mais danoso que o de inferioridade.

Que diante das nossas reincidências nos equívocos siga acreditando que no tempo certo deixaremos de ser quem somos para nos tornar quem devemos, sem nos constranger, exigir ou julgar. Que afirme: *Aquele dentre vós que estiver sem pecado, atire a primeira pedra.*

Que nos dê direito de ter dúvidas, medos, dilemas e conflitos, olhando-nos com carinho e tolerância, acolhimento e paciência, por um dia já ter vivenciado em tempos remotos, guardadas as devidas proporções, algo dos nossos estados de espírito e por muito ter aprendido com estes momentos, sabe exatamente o que é passar por eles e por isso nos compreende e espera. Espera nos chamando de *sal da terra e luz do mundo.*

Que mesmo sendo mitificado não deixa de nos amar, enviando sempre irmãos mais amadurecidos para nos alertar, ensinar e nos fazer redescobrir sua face humana, gentil, desconstruindo toda imagem que não corresponda a quem de fato foi, é e prossegue sendo.

Tenho fome de Jesus descrucificado, ativo e laborioso, trabalhando pelo progresso de cada um de nós. Que não habita céu algum de beatitudes e contemplação, mas que ao mesmo tempo que viaja pelas estrelas visita casebres, hospitais, acampamentos de refugiados, circula por entre as trincheiras dos povos em guerra, inspira gênios das diversas ciências a debelar doenças e envolve os que detêm o poder político econômico transitório para que fomentem tais descobertas, apoiem iniciativas que visem melhorar as condições do planeta.

Tenho fome deste amante dos pobres, crianças e enfermos, deste homem que dava dignidade às mulheres, nunca menosprezando a sensibilidade e a fragilidade daquelas que encontrou e auxiliou a se encontrarem.

Este Jesus me foi revelado por Herculano Pires, pelos espíritos Neio Lúcio, Humberto de Campos, Amélia Rodrigues, Emmanuel, Joanna de Ângelis, Camilo e por figuras como Chico Xavier, Divaldo Franco e Raul Teixeira.

Anseio que ele divida minha vida e minha história, para que eu possa deixar de ser apenas um espírito esclarecido e que a cada dia tenta se esclarecer mais e melhor, diluindo a treva da ignorância que ainda me envolve, para me tornar uma alma evangelizada. Entendo e sinto que isso só é possível se primeiro eu me humanizar, me espiritualizar a fim de que, apoiado nestas colunas, eu consiga encontrar um pouco de Jesus em todos os que cruzam meu caminho.

Só assim, penso, creio e sinto, poderei saciar esta fome e matar esta sede que me acompanha por toda parte.

Fome de justiça

Leila Brandão
Rio de Janeiro, RJ

Poeta, radialista, palestrante e autora dos livros *Estranho condomínio* e *A morte não é bem assim* (parceria com Dalva Souza e Cilene Guida).

Fome (do latim faminem) é o nome que se dá à sensação fisiológica pela qual o corpo percebe que necessita de alimento para manter suas atividades inerentes à vida. E no *Índice mundial da fome 2010*, produzido pela *International Food Policy Research Institute*, cerca de um bilhão de pessoas passa fome.[28] Essa é a fome física. Um flagelo tão antigo quanto o mundo e que constitui um dos grandes desafios da humanidade. Já temos caminhado muito no sentido de superar essa fome porque a humanidade de hoje é melhor do que a de ontem. Mais muito teremos ainda que caminhar.

Gostaríamos de considerar duas outras dimensões da fome que sofremos na condição de seres humanos: a fome emocional ou psicológica e a fome espiritual.

28. Wikipédia -consultado em 5/3/2015

A fome física, conforme vimos, é uma sensação fisiológica, uma necessidade de ingerir alimentos para a sobrevivência do corpo físico.

A fome emocional ou psicológica é a fome que nos faz engordar. As pessoas são atraídas pelos alimentos porque isso produz prazer. E quando experimentam prazer, o cérebro fica condicionado, pois lembra não apenas o sabor da comida, como também do próprio prazer. A partir daí, quando algo as perturba, ingerem mais alimento do que necessitam, em busca do prazer, a fim de minorarem o estresse, a ansiedade, os medos e a necessidade de amarem e serem amadas. Ledo engano! O prazer que se sente em comer não resolve a fome emocional.

Sem compreender que a fome experimentada não é fisiológica, criam-se as compulsões das mais diversas, colaborando, inconscientemente, para o círculo vicioso da dor.

A fome espiritual é ainda mais complexa porque exerce ascendência sobre as demais fomes, ou seja, se a criatura não atender sua fome espiritual, sua fome emocional será ainda maior.

A fome espiritual é a que mais nos interessa aqui; é a razão destas reflexões. Quando a maioria dos homens dominar a fome espiritual, a humanidade vencerá a dor e construirá a felicidade definitiva na Terra.

A fome espiritual diz respeito à necessidade de compreender o sentido da vida. Segundo pesquisas da atualidade[29], quando a pessoa não consegue responder às

---

29. *O homem à procura de si mesmo* – 1° capítulo - Rollo May

suas perguntas íntimas, ela expõe o seu mundo psíquico a uma profunda solidão. Essas perguntas são: Qual a razão da minha vida? Por que estou aqui na Terra? Para que serve viver e progredir?

Sem respostas, o ser fica se sentindo acuado, rejeitado por si mesmo, com dificuldade para entender a razão do sofrimento e da dor que acontecem em sua própria vida e ao seu redor. Esse tipo de solidão provoca no indivíduo a maior de todas as fomes: a fome de justiça.

No Sermão do Monte, o Mestre cantou: *Bem-aventurado os que têm fome e sede de justiça porque serão saciados.*[30]

Mas perguntamos: □ Basta sentir a fome de justiça para ser saciado?

E o Mestre responde: ... *busque primeiramente o reino de Deus e a Sua justiça, porque tudo o mais lhe será dado por acréscimo.*[31]

Ficou claro?

□ Aquele que sinceramente sentir a fome de justiça e buscar compreendê-la, segundo a Justiça Divina, certamente será saciado.

Ao longo da história, a criatura humana tem demonstrado dificuldade em construir um mundo mais justo, tendo em vista a estatística que revela ter o mundo ainda um bilhão de pessoas passando fome.

Como curiosidade e para ilustrar essa dificuldade, vejamos: a constituição americana tem sete artigos; a francesa, 108 artigos; a alemã, 146 artigos; a italiana, 139 artigos, e a brasileira, 250 artigos. Em cada artigo apre-

30. Mateus, 5 - Bíblia Sagrada
31. Mateus, 6:33 - Bíblia Sagrada

sentado aparecem as alíneas, os parágrafos, as emendas etc. Tudo isso para examinar, prever e julgar as ações humanas, ao longo do processo de viver neste planeta.

Como diz o saber popular, temos escrito a nossa evolução com sangue, suor e lágrimas! Assim, podemos ponderar que, se os códigos criados pelo homem e suas aplicações não conseguem saciar a fome de justiça, em qual fonte ele deve buscar o alimento para esse tipo de fome?

A boa notícia trazida pelo moderno espiritualismo é que a Justiça Divina é diferente da justiça dos homens. Ela não prevê punições, nem morte para o culpado. Ela esclarece que a recuperação e a absolvição do réu são possíveis em curto ou em longo prazo, dependendo exclusivamente dele, porque identifica o seu erro como resultado das suas escolhas com base na ignorância que o caracteriza. Não é uma boa notícia?

Deus realiza a Sua justiça escrevendo em nossas consciências as consequências de nossos atos. Todas as ações praticadas ficam registradas no corpo espiritual do indivíduo. Dessa forma, fica fácil compreender a causa de todas as suas aflições. Em resumo, o ser humano é herdeiro de si mesmo. Não existe punição divina, o homem pune a si mesmo quando ignora as leis inscritas em sua própria consciência.

A chave principal desse entendimento está na reencarnação. Realmente, o mundo seria muito injusto se os filhos tivessem que pagar pelos erros dos pais. Assim, o imenso sofrimento a que assistimos em nosso mundo tem causa na ignorância humana. A maior delas é eleger os valores materiais como os mais importantes da vida. Como a vida é uma só, mas as existências são muitas e estão todas interligadas com noção de continuidade, os erros cometidos em uma existência refletem na outra.

Não há uma só dor sem causa. Se a causa da dor não está na vida presente, há que estar em uma das existências passadas. Essa tese de que recebemos a vida formada por múltiplas existências aqui na Terra, ou em outro planeta habitado, resolve a nossa fome de justiça, porque sabemos que, se hoje escolhermos erradamente, teremos a chance de reparar as nossas escolhas equivocadas em uma nova oportunidade.

A partir desse entendimento, olhamos a dor como uma necessidade pedagógica, porque ensina e desafia a inteligência humana a compreender a justiça. Mas as soluções, que são feitas de escolhas, sempre se apresentam com dois lados, como uma moeda. De um lado a dor, do outro lado o amor. Se caminharmos distraídos, distanciados do verdadeiro valor da vida, o lado da dor se apresenta. Se, no entanto, caminharmos com prudência, examinando os possíveis resultados de nossas ações, o amor se estabelece para evitar que repitamos os mesmos erros.

Os imortais sugerem: coloque-se virtualmente no lugar do outro que irá sofrer a sua ação para se decidir se deve agir ou não. Simples assim!

Quantos, neste mundo, fizeram a opção pelo amor e se doaram em grandes causas pelo progresso da humanidade? Muitos foram chamados loucos, esquizofrênicos, feiticeiros, charlatões... Muitos morreram pobres, abandonados, incompreendidos e rejeitados! Poder-se-ia encher páginas e páginas com esses missionários do bem, que estiveram na Terra para nos deixar uma herança fantástica de progresso e resolver a nossa fome de justiça!

Como disse sabiamente o grande educador brasileiro Rubem Alves[32]:

> As palavras só têm sentido se nos ajudam a ver o mundo melhor.
>
> Aprendemos palavras para melhorar os olhos. Há muitas pessoas de visão perfeita que nada veem... O ato de ver não é coisa natural. Precisa ser aprendido!

Busquemos as palavras educadoras do Mestre do amor para olharmos a vida e aprendermos a ver o seu verdadeiro sentido. Assim, a fome de justiça será totalmente saciada!

32. *Conversas sobre educação*

Fome de luz

Armando Falconi
Juiz de Fora, MG

Palestrante, terapeuta e autor dos livros
Perda de pessoas amadas e *Perdão gera saúde.*

Estamos todos numa grande viagem, a viagem da evolução. Para caminharmos com passos firmes, necessitamos de alguns instrumentos que nos indiquem se estamos indo na direção certa e para o destino desejado em nossa romagem.

A cada nova etapa, teremos carência e sede, logo, precisaremos de nutrição adequada.

Neste momento temos fome de luz! Sem ela, estamos mergulhados em trevas e, nesta condição, não temos como identificar os sinais ou instrumentos que nos auxiliam a seguirmos no caminho certo.

Para nós, Jesus é o timoneiro nesta grande embarcação de nome Planeta Terra e que nos conduz a mares nunca antes navegados, além de nos oferecer a cada novo dia a oportunidade do autoconhecimento através de seus ensinamentos e exemplos.

Quando consultamos o Novo Testamento, encontramos uma passagem de Jesus bastante atual e oportuna. Vejamos: *Por mais um pouco de tempo a luz estará entre vocês. Andem enquanto vocês têm a luz, para que as trevas não os surpreendam, pois aquele que anda nas trevas não sabe para onde está indo.* (João,12:35)

Nesta frase, encontramos três sinalizações para a viagem da estrada da vida, vejamo-las:

1 – Por mais um pouco de tempo a luz estará entre vocês (...)

Ele é a luz! E é claro que adverte que sua palavra alcandorada não estaria restrita e dirigida apenas àquela pequena multidão que o rodeava.

Onde quer que estejam nossos pés, olhamos para trás e enxergamos o passado, dirigimos nosso olhar à frente e nos aguarda o futuro. O passado é a soma do aprendizado acumulado nos últimos passos.

O presente traz momentos de claridade e de escuridão. Assim, o Mestre nos convida a aguardarmos, pois, por mais um pouco de tempo, a luz estará entre nós.

Matheus Fernandes Fraga, um dos benfeitores espirituais da FEAK - Fundação Espírita Allan Kardec (www.feak.org) - nos adverte que *o passado é intocável, porém reparável,* assim como *o futuro é intocável, mas programável.*

Esta é a razão pela qual o dia de hoje - presente – , é oportunidade única de aproveitarmos a luz e seguirmos com passos firmes à frente e ao alto.

2 – (...) Andem enquanto vocês têm a luz, para que as trevas não os surpreendam (...)

Se temos fome de luz, precisamos valorizar a existência terrena, enfrentar corajosamente cada desafio, agradecermos mais e reclamarmos menos diante dos obstáculos.

O dia de hoje é a oportunidade que coloca cada um de nós em contato com a experiência que necessita para vencer a si mesmo e promover sua transformação espiritual para melhor.

Desafios surgem e por vezes o caminhar é áspero, mas a cada passo nos é oferecida mais luz a ser aproveitada como alimento que reduz nossa fome e fortalece nossa coragem de prosseguir sempre em busca da perfeição.

3 – (...) pois aquele que anda nas trevas não sabe para onde está indo.

Nem sempre acertamos o caminhar. E mesmo indo na direção certa, teremos períodos de escuridão noturna que sempre obstam seguir à frente e nos convidam ao repouso para o refazimento das forças.

Mas as palavras que encerram esta afirmativa de Jesus não se referem às trevas exteriores, mas sim às trevas interiores.

Torna-se importante buscar o sentido da afirmação para compreendermos a advertência do Mestre, qual seja, andar enquanto há luz para não sermos apanhados pelas trevas.

Para o espírito na faixa de evolução em que nos encontramos, reencarnar é convite a viver na prática os conhecimentos que já dominamos na teoria; acertar com a própria consciência resgates, pendências que deixamos inacabadas de experiências anteriores; mergulhar em processo de provas, buscando alternativas para experiências malfadadas; resgatar a autoestima e também afetos onde deixamos ou criamos feridas com nossa precipitação; resgatar emoções e pessoas para um relacionamento mais nobre; reconciliar-se com emoções, lugares e companheiros de jornada; transformar vícios em virtudes, erguendo dentro de si mesmo o templo da oração transformada em palavra e ação do bem; iluminar-se e enriquecer-se de valores espirituais.

Mesmo para os que conseguem relativa longevidade no corpo físico, a vida na carne passa rapidamente. O esquecimento do passado torna-se uma bênção, evitando o contato consciente com as experiências anteriores na Terra.

Na palavra alcandorada de paz, relembramos a importância de perseverarmos na enobrecedora atividade de viver as experiências de iluminação interior, lendo, estudando e vivendo a Boa-Nova, visto que a lei do progresso é imperiosa e ninguém consegue deter a madrugada interior.

Na lei de sobrevivência, observamos na natureza a cadeia alimentar. No reino vegetal e no animal, cada um está em diferente degrau de sobrevivência. Os herbívoros comem o vegetal que serve de nutrição para os carnívoros. Peixes, insetos, répteis, mamíferos, todos têm fome.

Este é um planeta de famintos. A fome de pão e água, de trabalho e repouso, de paixão e sexo, de estudar e aprender, de miséria e de dinheiro. Todos atendendo a cada criatura na sua romagem evolutiva.

Há a fome de amor. É realidade que muitos desejam ser amados, ter alguém com quem compartilhar sua amorosidade, que os queira na convivência cotidiana. Mas também há os que passam pela vida sem ninguém que lhes conceda uma migalha de carinho.

Vemos os famintos de luz. Luz da fama e aplausos, do destaque social, do aprendizado constante, da música e da poesia, dos louros e medalhas da vitória, da cultura universal.

Encontramos aqueles de posses e fortunas e, quanto mais adquirem, com maior intensidade querem ter em vez de ser. Por isso, as palavras do apóstolo Mateus:

> Dai pois a César o que é de César, e a Deus o que é de Deus. (22:21)

Finalmente, a fome de paz que atormenta em todos os quadrantes e culturas a quantos trazem os pés e o coração a sangrar.

Para alcançarmos esta realidade de plenitude interior, urge a transformação pessoal, encharcarmo-nos do estudo, da reflexão e vivência da Boa-Nova. Buscarmos atenciosamente o capítulo XVII de *O Evangelho segundo o Espiritismo,* no texto intitulado *Sede perfeitos,* os itens: *Caracteres da perfeição, O homem de bem, Os bons espíritas.* Complementando com as instruções dos espíritos com as abordagens de: *O dever, A virtude, Superiores e inferiores, Cuidar do corpo e do espírito*

Abençoado Allan Kardec que, ao codificar a doutrina espírita, nos oferece este manancial de recursos e possibilidades exequíveis, possíveis de serem realizadas por qualquer aprendiz sério, dedicado e persistente.

Fechando estes comentários, lembramos, nas palavras de sabedoria, o ensinamento extraordinário na frase apostólica: *Se os teus olhos forem bons, todo o teu corpo terá luz.* (Mateus, 6:22).

Nestas palavras, resta claro que o missionário não se referia à visão dos olhos da carne. Se este fosse o foco do ensinamento, estaríamos em decadência, pois é do conhecimento geral que, com o avançar da idade, a acuidade visual vai-se diminuindo. E o que seria daqueles que nascem privados da visão ou assim tornam-se ao longo da vida? Seria para eles impossível? Por certo que não!

Como modelo e guia da humanidade, Jesus não tinha sombras. Ele era Luz. Veio para ajudar-nos a sairmos das trevas e as trevas não o reconheceram. (Questão 625 de *O Livro dos Espíritos*).

Em meio à escuridão, ele foi o sol que brilhou. Mas os que perceberam sua luminosidade nada mais desejaram senão apagar a luz que irradiava. Sendo luz plena, ele não tinha sombras, pois nada lhe maculava o espírito.

Em todos os passos de sua vivência entre nós, a sua era a mensagem da paz: *A minha paz vos deixo, a minha paz vos dou.*

Ainda sendo o Senhor do Mundo, submeteu-se à justiça comezinha dos homens, ensinando que o exemplo fala mais alto que as palavras.

Ele é a *luz do mundo,* o Messias aguardado no tempo e anunciado por séculos na voz dos profetas.

Deixemos que *venha a nós o Vosso reino* e que encha-nos o cálice da alma com a luz da vida eterna, mitigando nossa sede de viajores e aprendizes.

A todos muita paz, luz e sabedoria!

www.armandofalconi.net
www.falconi.com.br
www.radioevoluir.com
www.feak.org
www.facebook.com/armandofalconi

FOME DE MOBILIZAÇÃO

Sidney Aride
Nova Iguaçu, RJ

Engenheiro, pesquisador, palestrante e autor dos livros *Comprometimento espírita* e *De Nosso Lar para nossa casa.*

VIVEMOS EM UM TEMPO em que grande parte da população anseia por mudanças. Queremos ver soluções para os problemas do mundo, que não são poucos. Muito há para se melhorar e é preciso superar a inércia que ainda toma conta da sociedade.

Quando tantas adversidades nos cercam, pode-se ter a percepção que nada do que fizermos pode alterar os rumos de maneira significativa.

No entanto, possuímos o livre-arbítrio e temos duas escolhas: ou os desafios estacionam ou impulsionam.

Mobilizar vem de mobilis, e significa *"o que pode mudar de lugar"*. Dá ideia de movimento.

Se optarmos pela mudança, saciamos uma fome quase oculta: a fome por mobilização.

Mas o que mudar? Quem mobilizar? Para onde movimentar? Porque mover-se sem rumo não gera soluções satisfatórias.

Para se ter uma mobilização pelo bem-estar de todos é preciso objetivos comuns e uma conduta interior que tenha como meta a construção de um mundo melhor.

Para alcançar resultados coletivos é preciso somar potencialidades individuais. *"Um mais um é sempre mais que dois!"*,[33] diz a canção *O Sal da Terra*. Esse conceito é muito utilizado atualmente: o todo pode ser maior que a soma das partes.

A mobilização começando pelo íntimo de cada ser humano é o ponto de partida. Uma modificação de dentro para fora. De cada alma para toda a humanidade.

É esse o propósito do espiritismo, que ensina o despojamento do egoísmo como saída para o nascimento do sentimento mútuo da solidariedade.[34]

Mobilização é uma das expressões que define a própria doutrina dos espíritos em uma ação coordenada pela espiritualidade, estabelecendo sua origem e continuidade. Seu caráter mobilizador nos concita à reforma íntima e ao entrelaçamento de corações para o progresso comum.

Inúmeras mensagens enviadas pelos *"anjos do Senhor"* nos mostram o caminho a seguir para alcançarmos a meta de uma sociedade melhor.

Logo na introdução de *O Livro dos Espíritos*, os mentores espirituais ratificam os ensinamentos de Jesus esclarecendo que a moral dos espíritos superiores se resume,

33 GUEDES, Beto e BASTOS, Ronaldo. *O Sal da Terra*. Contos da Lua vaga, 1981

34 Questão 916 de *O Livro dos Espíritos*

como a do Cristo, fazendo aos outros o que quereríamos que os outros nos fizessem. E reforçam este princípio como uma regra universal de proceder, mesmo para as nossas menores ações.[35]

Cabe a cada um estabelecer a direção que deseja de sua vida, os rumos da própria existência e empreender soluções para as próprias carências, bem como para aqueles que nos cercam, com o objetivo de construir uma sociedade mais feliz.

Somos esclarecidos que o aprimoramento no modo de agir de cada indivíduo é a chave para o progresso da Humanidade inteira. Quando todos os povos estiverem unidos no sentimento do bem, viveremos fraternalmente.[36]

A síntese desse movimento se resume na expressão *Fora da caridade, não há salvação.*[37]

É a caridade o elemento que pode nos ligar uns aos outros. Com ela, vivemos em comunhão e auxiliando-nos mutuamente, mitigando as diversas carências que nos assolam. É a virtude por excelência, segundo Paulo de Tarso.[38]

Cultivada como um sentimento, a caridade torna-se ação mobilizadora ao somarmos corações em um propósito comum, formando uma rede de relacionamento humano, interdependente e solidária.

Os bons espíritos nos incentivam a sermos elos de

---

35 Item VI, Introdução de *O Livro dos Espíritos*

36 Comentário da questão 789 de *O Livro dos Espíritos*

37 Capítulo XV, *O Evangelho segundo o Espiritismo*

38 S. Paulo, 1ª Epístola aos Coríntios, 13:1 a 7 e 13. Item 6. Cap. XV. *O Evangelho segundo o Espiritismo*

amparo, uma corrente de alegria, trabalhando coesos como o feixe de varas. Esclarecem que ditosos seremos se trabalharmos juntos e se unirmos nossos esforços.[39]

Em sintonia com Deus, eles nos conclamam reiteradamente à união e à ação, formando um exército do Senhor, brandos e benevolentes, combatendo o bom combate, suprimindo carências de toda ordem, principalmente a moral e a fraternal, instruindo os ignorantes e moralizando os viciados.[40]

As relações familiares são, talvez, o teste mais desafiador quanto nossa capacidade de mobilização no bem. No entanto, não raro, observamos famílias convivendo em harmonia e, apesar dos problemas do cotidiano, demonstram entre si sentimentos de afeto e serenidade.

Compreendendo que pertencemos à família universal, o que nos afasta uns dos outros? Qual força temos que vencer para superar o mal e a ignorância?

O espiritismo esclarece que o egoísmo e o orgulho emperram o progresso. São os que paralisam a evolução e destroem possibilidades de aperfeiçoamento da humanidade.

Renunciando ao individualismo, descobrimos na simplicidade e no altruísmo a conduta a seguir.

Redescobrindo as qualidades adormecidas em nós, ascendemos o movimento do bem, forjamos modelos de abnegação e, com envolvimento fraternal, contagiamos novos adeptos construtores do amor incondicional no mundo.

O materialismo é uma das chagas da sociedade. Di-

39 Item 5, Capítulo XX, *O Evangelho segundo o Espiritismo.*

40 Questão 888 de *O Livro dos Espíritos.*

vulgar a existência da vida espiritual ensina aos homens a grande solidariedade que nos unirá como irmãos.[41]

E não tardaria vermos o princípio da caridade e da fraternidade servindo de base às instituições sociais, às relações legais de povo a povo e de homem a homem.[42]

Prosseguem os espíritos motivando-nos para que sejamos, mesmo com sacrifício, a influência moralizadora do exemplo.[43]

Jesus foi modelo mobilizador. Estendeu a rede de benefícios e ensinamentos, onde todos podiam aprender e protagonizar. Com o recurso das parábolas, deixou como legado o movimento de amor ao próximo.

O Cristo mobilizou uma multidão no monte. E para vislumbrarmos de um ponto mais alto, abriu nossos olhos espirituais, anunciou a fórmula da felicidade e nos deixou a poética mensagem das bem-aventuranças.

Exultemos, pois grande é a recompensa daqueles que laboram em prol da virtude, da construção da amizade e do afeto entre irmãos! Somos chamados à união em prol do bem, como fórmula da felicidade.

Caminhando no bom caminho, nos tornamos felizes com o caminhar. Independentemente da classe social, todos nós podemos colaborar. De alguma coisa dispomos que podemos dividir, seja material, moral ou espiritual.[44]

Podem participar os mais simples e os homens de

---

41 Questão 799 de *O Livro dos Espíritos.*

42 Questão 917 de *O Livro dos Espíritos.*

43 Questão 785 de *O Livro dos Espíritos.*

44 Item 16, Capítulo XIII, *O Evangelho segundo o Espiritismo.*

talento, convocados a educar os semelhantes. Fazendo, desse modo, a obra do Cristo. Deus outorgou a inteligência e o saber para repartirmos com os nossos irmãos e conduzi-los à felicidade eterna.[45]

Se desejarmos ter uma sociedade melhor, devemos ser os primeiros a aplicar a lei de justiça, de amor e de caridade. Dessa lei derivam todas as outras porque ela encerra as condições da felicidade do homem.[46]

Nossa missão na Terra tem sempre por objeto o bem. Quer como espíritos, quer como homens, auxiliando o progresso da Humanidade, dos povos ou dos indivíduos.[47]

Os elementos do universo se movem. Montanhas podem se mover com nossa fé. Podemos também trabalhar para mover a nós mesmos.

Deixando a timidez, os bons preponderarão sobre o mal.[48]

Não faltam experiências bem-sucedidas de iniciativas que começam dentro do próprio lar e pouco tempo depois se transformam em empreendimentos renovadores de amor e caridade na sociedade.

Conclui *O Livro dos Espíritos*: *quaisquer que se suponham ser o modo de progressão, o objetivo final é um só: fazer o bem.*[49]

Ser bondoso é uma qualidade que pede ação. Do contrário, seremos a semente sem o trabalho. De que nos

---

45 Questão 495 de *O Livro dos Espíritos*.

46 Item IV, Conclusão, de *O Livro dos Espíritos*.

47 Questão 569 de *O Livro dos Espíritos*.

48 Questão 932 de *O Livro dos Espíritos*.

49 Item IX, Conclusão, de *O Livro dos Espíritos*.

serve a semente, se não a fizermos dar frutos que nos alimentem?[50]

Compreendemos, então, que exercitar esse movimento, unidos no sentimento da caridade, aplaca as necessidades do ser humano, e nos eleva da condição de simples criatura, isolada, para cocriadores com Deus, realizando milagres de solidariedade e bonança.

Mobilizemo-nos, pois! Com alegria e bom ânimo, o espiritismo nos convoca a remover as iniquidades. Os espíritos de luz nos evocam! Pelo fim de todo tipo de fome, armemo-nos de decisão e coragem! Mãos à obra! O arado está pronto; a terra espera.

Cultivemos com perseverança e ternura, engajando fraternalmente as almas que desejam, sinceramente, edificar o Reino de Deus em si e no mundo.

A doutrina espírita nos ensina a vivenciar a espiritualidade, pois somos eternos, imortais destinados à perfeição. Aprendendo a ser feliz fazendo os irmãos felizes, estaremos na direção de uma sociedade saciada de todas as suas necessidades.[51]

Então, com nosso espírito elevado, unidos em Cristo e bem-aventurados, estaremos em paz com Jesus.

---

50 Questão 905 de *O Livro dos Espíritos.*

51 Item 4, Capítulo XX, *O Evangelho segundo o Espiritismo.*

Referências Bibliográficas:

Kardec, Allan. *O Evangelho segundo o Espiritismo*. Federação Espírita Brasileira. Versão para download na internet, 13 de abril de 2005. Acesso por http://www.febnet.org.br/blog/geral/divulgacao/downloads-divulgacao/obras-basicas/

_______. *O Livro dos Espíritos*. Federação Espírita Brasileira. Versão para download na internet, 16 de setembro de 2004. Acesso por http://www.febnet.org.br/blog/geral/divulgacao/downloads-divulgacao/obras-basicas/

Guedes, Beto e Bastos, Ronaldo. *O Sal da Terra*. Contos da Lua vaga, 1981

Contatos do autor: taniaride@hotmail.com
Tel.: (21) 3216-1068 / Cel.: (21) 9 9546-7752

Fome de motivação

Cássio Leonardo Carrara
Matão, SP

Jornalista, articulista da Revista Internacional de Espiritismo (RIE) e autor do livro *O som da nova era – O clarim e seus maestros.*
cassiocarrara@gmail.com

Quando eu era moleque, passava a maior parte do tempo jogando bola na rua.

Alguns jogos eram menores, apenas eu e meus amigos. Mas às vezes o bairro era palco de alguns clássicos. Eram jogos que reuniam meu time contra a turma de outra rua e que pediam cenários mais grandiosos. Assim, aconteciam no mais próximo que tínhamos do padrão Fifa: o estacionamento de um supermercado, muito maior e com direito, até mesmo, a uma mureta, usada como arquibancada por quem passava ali.

Ganhamos muito, perdemos muito também. Até hoje, me lembro de muita coisa desta época. Dribles, gols, brigas... E do garoto que mancava.

> O garoto que mancava jogava com a gente. Na verdade, ele não mancava. Andava e corria normalmente, sem mancar... Até perceber que algumas pessoas estavam na mureta assistindo ao jogo. Aí, na primeira dividida, dava um grito de dor e passava o resto do jogo mancando. Ou, melhor, fingindo que estava mancando.
>
> Um dia eu o questionei sobre isso. Ele mentia no grito de dor, mas foi sincero na resposta.
>
> – Eu manco para o jogo parecer que está mais difícil para mim.
>
> – Oi?
>
> – Todo mundo vai reparar que eu meu esforcei porque estava jogando machucado. Tanto faz se vamos ganhar ou perder. As pessoas vão ver que eu joguei machucado, e serei um herói de qualquer maneira.

Esta curiosa história foi relatada no interessantíssimo artigo intitulado *O garoto que mancava e outras reclamações do mundo moderno*, assinado pelo publicitário Rob Gordon, e disponível na internet. Por si só, a malandragem do menino já atrai a nossa atenção, mas o importante é tirarmos algumas lições dessa atitude *heroica* do pequeno atleta.

Afinal, quantas vezes nós também não gostamos de mancar? No trabalho, no estudo, na atividade religiosa, parece que sentimos prazer em afirmar o quão complexa é a tarefa que precisamos executar. Pelo menos no nosso próprio modo de entender, tudo é mais complicado para nós, muito mais do que para os colegas de trabalho, faculdade, centro espírita, a própria família... Tudo sempre é mais difícil quando cai nas nossas mãos e parece que nunca temos a motivação necessária para enfrentar os problemas e assumir de vez os compromissos. Precisamos sempre daquele empurrãozinho.

A lista de reclamações é imensa: falta de tempo, de espaço, de uma boa estrutura, de incompatibilidade com a filosofia de vida, de falta de conhecimento para assumir uma responsabilidade. O mesmo artigo que inspirou este texto cita que a atitude de "mancar" é muito comum em empresas, pequenas ou grandes, onde há sempre um funcionário pronto a afirmar que os piores problemas sempre despencam na mesa dele, que o seu computador é o que mais trava, que o prazo é sempre curto etc. Observa-se também que esse pessimismo todo está se expandindo para além das fronteiras corporativas, atingindo todos os setores da nossa vida. Parece que uma conquista só tem valor se é alcançada a duras penas. Afirma o autor:

Houve uma inversão de valores: se dá muito mais importância à dificuldade em realizar algo do que à realização em si.

Não sei quem começou com este raciocínio, mas esta lógica é perigosa. Voltando ao mundo do futebol, é o mesmo que dizer que uma taça conquistada nos pênaltis tem mais valor que uma taça recebida depois de uma goleada de 5x0.

Hoje, não basta fazer bem feito. É preciso fazer com sangue, suor e lágrimas. E, claro, alardear esta dificuldade aos quatro ventos.

Só que, diferentemente do esporte, a vida, a nossa vida, não é uma competição, pelo menos não com os outros. Competimos com nós mesmos em busca do nosso próprio aperfeiçoamento e, dessa forma, precisamos utilizar a inteligência para tornar esse caminho mais fácil. Quando afirmamos que não somos capazes, ou melhor, nos convencemos de que para nós é difícil atingir um objetivo, com certeza o caminho será muito complicado. Se, ao contrário, nos empenhamos no fazer antes de começar a imaginar obstáculos, chegamos com muito mais tranquilidade à linha de chegada.

No comentário à pergunta 266 de *O Livro dos Espíritos*, Allan Kardec afirma: "Não lhe é possível [ao espírito], no estado de imperfeição em que se encontra, gozar de uma vida isenta de amarguras. Ele o percebe e, precisamente para chegar a fruí-la, é que trata de se melhorar". E, de fato, encarnados que estamos num mundo de *provas e expiações*, não podemos esperar uma vida sem dificuldades. Por outro lado, reclamar e julgar-se incapaz antes de começar a pensar em como realizar uma tarefa é atrasar a própria evolução.

Por termos esse conhecimento fornecido pela codificação espírita, não há razão para não termos motivação de crescer sempre, como indivíduos sociais e na evolução intelecto-moral.

Há um problema, porém, talvez específico de alguns centros espíritas, que pode aos poucos podar a motivação de seus membros, principalmente dos jovens. Questiona-se com frequência qual papel deve ser dado a este grupo, se eles devem ser integrados às atividades principais, dentro de sua realidade e seus interesses, ou se são apenas um "anexo" à programação dos adultos.

Lembro-me, certa ocasião, quanto tinha cerca de 10 anos de idade, que estava assistindo a uma palestra no centro espírita e, após a atividade, um jovem de aproximadamente vinte anos ficou encarregado de cantar algumas músicas para fechar a reunião. Seu instrumento escolhido foi uma guitarra, mas ele não tocou nada ofensivo, "pesado demais". Ainda assim, fui testemunha de grandes críticas feitas ao seu trabalho, como se ele estivesse cometendo um "pecado" por ter colocado uma guitarra dentro do centro espírita. Concordo que os conteúdos apresentados devem ser selecionados e certas coisas não são apropriadas, mas será que não é um radicalismo exacerbado e muita falta de compreensão?

Aquilo me marcou! E sempre que escuto discussões de como incluir os jovens no centro espírita penso se eles estão sendo respeitados em seu momento, em suas escolhas, ou se estão sendo moldados ao gosto dos dirigentes e frequentadores mais antigos. Se havia - e com certeza havia - motivação naquele rapaz, tenho certeza de que aquilo pelo menos o abalou por alguns dias.

É claro que não podemos nos achar coitadinhos e querer que as pessoas sintam pena de nós ou culpadas por tudo que achamos que não dá certo em nossas vidas, mas será que essa atitude não cria novos meninos que mancam? E isso não se restringe apenas aos jovens ou aos centros espíritas, mas exemplifica o quanto podemos influenciar negativamente - e sem ter consciência disso - muitas iniciativas progressistas. Não temos o direito de podar a esperança e o entusiasmo de ninguém. E quando o fazemos, talvez comecem a surgir os empecilhos para a não realização do trabalho, pois tudo fica mais difícil sem apoio, compreensão e uma orientação construtiva, que não deve ser autoritária e ditatorial.

Temos de ser capazes de enxergar e alimentar a motivação em nós e naqueles que nos cercam, para que essa motivação gere experiências benéficas, bons trabalhos, boas amizades e seja um fator catalisador da evolução, seja individual ou coletiva.

Fome de participação

Marcus Vinicius de Azevedo Braga[52]
Rio de Janeiro, RJ
Expositor, articulista e autor dos livros *Alegria de servir* e *Você sabe quem viu Jesus nascer?*

Reclamamos de ter que participar, pois não queremos, naturalmente, abraçar mais responsabilidades, ou ainda, por puro oportunismo, apostando que outros farão o que nos cabe. Também não gostamos da ausência de uma cultura de participação, principalmente quando nos deixam de fora dos processos decisórios. Diante das coisas vis, queremos voz e vez! Mas, vai ver na hora H, quem realmente vem para a luta? Esses são alguns dos dilemas da participação...

52. Residindo atualmente na cidade do Rio de Janeiro, espírita desde 1990, Marcus Braga atua no movimento espírita predominantemente na área de evangelização espírita infantil e juvenil, sendo também expositor e articulista. É colaborador assíduo do jornal *Correio Espírita* (RJ) e da revista eletrônica *O Consolador* (PR), entre participações esporádicas em periódicos afins. É autor do livro *Alegria de servir* (2001), publicado pela Federação Espírita Brasileira (FEB) e do livro *Você sabe quem viu Jesus nascer?*, pela Editora Virtual *O Consolador* (EVOC).

1 - Participação, o que é?

Espíritos encarnados, seres sociais que somos, temos fome de participação!

Participação é um dever e, ao mesmo tempo, uma dádiva. É um processo de inclusão de todos ou de parte dos elementos de um grupo social na construção daquele grupo e suas atividades decorrentes. A participação é uma necessidade humana universal, que facilita a consciência crítica e agrega forças, presente em nossas vidas pelo prazer que nos proporciona, mas também pela sua funcionalidade, como forma eficaz e eficiente de se contrapor aos desafios e para multiplicar esforços (BORDENAVE, 1983).

Participar pressupõe autonomia dos atores e o seu envolvimento em todo o ciclo, do planejamento passando pela execução e chegando à avaliação, em um ambiente que preze a interdependência e a confiança. Em uma cultura participativa, somos mais iguais, respeitamos a vontade de todos e a hierarquia dá lugar à sinergia, fortalecendo o aprendizado mútuo. Vê-se que é um desenho que demanda maturidade dos envolvidos!

A participação é um pressuposto da vida em sociedade e no arranjo da criação, ainda que existam a ordem e as leis, a nossa condição de cocriadores, de espíritos rumo à perfeição, nos permite essa interação como forma de experiência e crescimento, contrariando uma visão de obediência e contemplação como valor fundamental, dando ao trabalho a centralidade necessária. Um rompimento paradigmático, no qual importa o crescimento de todos e, principalmente, o livre-arbítrio.

Participar é amar ao próximo, é ser proativo no bem, como ensinou Jesus na parábola do bom samaritano. É um primado da ação que não se conforma com o mal e que entende nosso papel na construção do reino de Deus, como corresponsáveis por tudo de bom e de ruim que está por aí. Na participação, somos responsáveis, sem muletas ou bodes expiatórios para direcionarmos nossas mazelas.

2 - Participação na casa espírita

Léon Denis (2005) assevera que o *espiritismo será aquilo que dele fizerem os homens*. Allan Kardec, em *Obras Póstumas* (2005), fala, diante dos desafios do poder, que ao espiritismo não cabe a eleição de um representante ou a orientação diretiva de entidades desencarnadas. Consoante com a sua fé raciocinada, o maior legado, Kardec fala de uma direção colegiada, que interage com o movimento por meio de conferências, unificando e respeitando a autonomia das partes.

Desse modo, observa-se que a condução das tarefas espíritas envolve diretamente os seus integrantes, os espíritas, na construção de núcleos, de equipes que desenvolvam trabalhos, integrados em uma mesma lógica, de forma matricial, fortes pela interação nessa rede e não pela existência de uma cabeça hierárquica, como bem disse o Codificador. A participação é um valor harmonizado com a nossa doutrina!

Na casa espírita, então, o espírito colaborativo faz com que as personalidades se diluam em equipes que se ajudem, no feixe de varas citados por Jesus, com grupos marcantes e não dirigentes fortes. Essa é uma visão de perenidade, de defesa contra o personalismo e as armadilhas do poder, resguardando o grupo, e o trabalho que tem que continuar.

Desse modo, em termos práticos, em vez de escalar pessoas, abramos voluntariado nas tarefas, pois desconhecemos aqueles que acalentam o desejo de participar. Ouçamos a opinião, favoreçamos o diálogo e a interação. Mais que palestras, necessitamos de grupos de estudo para que as pessoas tomem parte da construção do conhecimento espírita de forma participativa.

Não somos clientes atendidos por fornecedores. Não somos frequentadores separados por um fosso de trabalhadores. Somos, na casa espírita, uma rede de cooperação mútua, de cá e de lá, na edificação da tarefa do Cristo. E para isso, precisamos ser inclusivos, integradores, inclusive na linguagem (SAID, 2009) e imbuídos, realmente, do desejo de sermos democráticos e participativos, fugindo a subterfúgios de pseudoparticipação.

Isso não quer dizer que a casa espírita seja algo sem identidade ou direção, ou ainda, um albergue de toda ordem de práticas estranhas à doutrina. Significa apenas que, alicerçados na doutrina, devemos ter as nossas casas abertas a novos colaboradores, a novas opiniões e, ainda, preparadas para o acolhimento e a integração de todos, no rompimento do personalismo, no diálogo franco, para a unificação de propósitos, na diversidade de entendimentos.

O "dono do centro", que faz tudo, de forma centralizadora, imerso na clausura espírita, é tão grave quanto a postura superficial de apenas consumir as atividades da casa espírita, sem se envolver. É preciso ter rede! É preciso o fortalecimento de laços de ideal e de fraternidade para que a casa seja um recanto de todos, uma comunidade voltada para o bem! Jesus falou em amarmos o próximo e não previu delegações ou terceirizações para essa tarefa.

Perdidos em casas gigantescas, burocratizadas, impessoais e empresariais, temos dificuldade de tomar parte. Isso dificulta a nossa interação, a necessidade de romper esse paradigma da superficialidade. Participar é um dos princípios que regem a casa espírita e também a nossa vivência em sociedade. Jesus, na sua tarefa, prontamente se articulou em uma equipe, que jantou com ele na última ceia.

3 - Quem tem medo da participação?

A participação, ainda que no discurso seja vista como um valor, como algo positivo, nos causa medo, por envolver a autonomia e o rompimento da estabilidade das tradições. A tradição é um albergue seguro, no continuísmo, na rotina, na regularidade. Lidar com as mudanças causa ansiedade e nos leva a se esconder do novo.

Participar é dar vozes a outros atores, a outras visões de mundo, e desse modo, rompem-se as ascendências da hierarquia e os silêncios da obediência. Na casa espírita, na sociedade, no trabalho, a participação somente se materializa pelo exercício democrático. Para isso, devemos colocá-la em prática, aceitando-a com todos os seus "poréns".

Digo "poréns", pois os processos participativos são naturalmente mais lentos, às vezes permeados de conflitos. Essa forma de decidir e atuar divide os poderes e, ainda que se ganhe na diversidade das potencialidades, perde-se às vezes na velocidade, tão valorizada nos tempos modernos. Muitos enxergam uma oposição entre participação e eficiência, rendendo loas ao autoritarismo prático. Tenhamos em mente que o agir democrático não é fácil, envolve delegações, confiança e que nem tudo pode ser participativo plenamente, por questões de viabilidade, mas que isso não tira o primado da participação como princípio de respeito mútuo e de convivência social, no amadurecimento das partes envolvidas.

As revoluções tecnológicas que fazem da informação mais volátil e da transparência uma realidade trazem um cenário que auxilia o fortalecimento desse *ethos* participativo. Entretanto, isso não é o suficiente para fazer da nossa existência mais colaborativa, na oportunização de espaço para as diversas vozes, autonomizando os atores.

Mais uma vez, nesse sentido, esbarramos nos velhos inimigos - o orgulho e o egoísmo - que nos atrapalham nessa relação com o outro. Somos orgulhosos e não queremos dividir o mérito da construção dos projetos. Somos egoístas e não repartimos a nossa visão de mundo. Preferimos focar em nós, regados pelo medo e pela desconfiança.

Desse modo, para uma vivência mais participativa, faz-se necessário que todos nós, espíritas, nos diversos papéis que desempenhamos dentro e fora da casa espírita, entendamos o contexto da rede na qual nos encontramos para ver a participação como um dever que se converte em um prazer somando forças que operam coisas maravilhosas. Daquelas que nós, espíritos encarnados, sabemos bem fazer quando irmanados no ideal do Cristo, operando em conjunto, de forma coordenada.

Referências

Bordenave, Juan E. Díaz. *O que é participação*. 2. ed. São Paulo: Brasiliense, 1983. (Coleção Primeiros Passos; 95).

Denis, Léon. *No invisível: Espiritismo e mediunidade*. Trad. de Leopoldo Cirne. 23. ed. Rio de Janeiro: FEB, 2005.

Kardec, Allan. *Obras Póstumas*. Traduzida da 1. ed. francesa por Guillon Ribeiro. 37. ed. Rio de Janeiro: FEB, 2005.

Said, Cezar Braga. *Centro espírita: tendências e tendenciosidades*. Curitiba: Editora Federação Espírita do Paraná, 2009.

Fome de perdão

Hélio Ribeiro Loureiro
Niterói, RJ

Advogado e membro da Associação dos Juristas Espíritas (AJE), seccionais RJ e Brasil.

ESTAMOS EM PLENO SÉCULO 21 e o mundo ainda não aprendeu a lição do mestre Jesus quando o assunto é perdão.

As guerras que ainda insistem em existir têm como fundamento, a grande maioria, a intolerância religiosa. O mundo assiste, atônito, a Síria ser despedaçada. Crianças, jovens e idosos morrem todos os dias. Sírios matando sírios. Isso nos faz lembrar as grandes guerras religiosas do passado, em especial a Matança de São Bartolomeu. Na França de Catarina de Médici, os protestantes foram massacrados pelo simples fato de serem protestantes. A discordância em matéria de fé tem feito com o que o ódio, a vingança e o não perdão perdurem no ar, séculos após aqueles cinzentos dias em terras de França.

O sentimento de fome de perdão percorre todo o planeta, pois que o povo tem sede de paz. Se tivéssemos o perdão como instrumento de uso cotidiano, não teríamos tanta dor nos lares. Jesus citou várias oportunidades onde o perdão era a solução. A começar pela mulher adúltera.

Esse assunto é espinhoso até hoje. Em nosso Brasil não é mais crime o adultério, mas é como se fosse. Quando a adúltera é mulher, aí é que as pedradas vêm de todos os lados. Quando o adúltero é o homem, a sociedade, de maneira geral, tolera.

A fome de perdão tem início no lar e se expande por todas as formas de relacionamento humano. Por falar em perdão no lar, não podemos deixar de citar a parábola do filho pródigo. Nela, um pai amoroso se relaciona com dois filhos: um pródigo, aventureiro, queria conhecer o mundo, ganhá-lo e pede o adiantamento de sua herança. Alcançado o que esperava, vai pelo mundo, gasta tudo e volta arrependido. O outro ficou em casa, ao lado do pai, obediente em tudo. Quando vê o pai exercer o perdão para com o irmão, se revolta, se rebela. E aí o pai lhe alerta que aquele filho estava perdido e foi achado (Lucas, 15, 11-32). O filho pródigo retorna à casa do pai com fome de perdão e acha um pai misericordioso, que além de perdoá-lo, dá a ele a chance do recomeço. Em seguida, coloca-o na posição que sempre foi dele, a de filho, ao lado do irmão. O filho pródigo teve sua fome de perdão saciada.

Nesses tumultuados dias em que vivemos, assistimos pela mídia vários filmes, novelas, onde a tônica do não perdão embala o enredo. E o povo vibra quando o perdão abre alas para passar. Mas quando o assunto lhe toca, ainda agimos e reagimos como fanáticos religiosos;

os que pensam contra o nosso modo de pensar não podem coexistir conosco.

A cultura do perdão ainda não está implantada em nossa sociedade. A do revide, a da revanche, essa sim, finca raízes profundas, milênios afora, nos corações humanos.

Como, desta forma, matar a fome de perdão que campeia no mundo? Como dar início a este processo de saciedade que irá beneficiar a toda a humanidade? Este processo é íntimo e individual. Cada ser tem que se descobrir um potencial de virtudes a serem trabalhadas para, como num verdadeiro efeito cascata, ir se modificando. A sociedade, então, será modificada.

A fome de perdão será saciada quando iniciarmos o grande movimento, pacífico e silencioso, de perdoar as pequenas ofensas do cotidiano. Isso nos fortalecerá para darmos o segundo e decisivo passo: o de perdoar as ofensas maiores. Tornar-nos-emos, se seguirmos esses passos, pacificadores e não alimentadores de represas de verdadeiros lagos de rancor.

Na intimidade do lar, a fome de perdão campeia. Seja no relacionamento entre o casal ou entre pais e filhos. Raros são os lares onde não se registra esta especial fome. E é no lar onde nos relacionamos com as pessoas com as quais temos dívidas a pagar, dívidas estas oriundas de um passado reencarnatório. É no lar onde as máscaras sociais que usamos caem e ficamos espiritualmente desnudados. É neste cadinho purificador que temos de dar o testemunho de que realmente mudamos, pedindo e concedendo perdão, descobrindo e respeitando os limites dos outros que conosco convivem. Desta forma agindo, estaremos entrando noutra faixa mental de entendimento, estagiando e respirando os ares da Misericórdia Divina. Isso falta para nós, que vivemos ainda num planeta de provas e expiações, onde o perdão ainda engatinha, enquanto a revanche e sua coorte galopam.

Precisamos movimentar a nossa vontade de tal forma que possamos exercitar o perdão sempre, incorporando em nosso cotidiano essa prática salutar. Se assim o fizermos, esta fome passará. Mas para que isso ocorra temos que querer verdadeiramente.

Estamos ainda numa faixa de evolução espiritual onde esse tipo de fome assolará a Terra por muito tempo. Teimosamente, alguns de nós não queremos aceitar o convite de Jesus, feito há mais de 2.000 anos para que *"brilhasse a nossa luz"*.

Falta-nos vontade para mudar. A vontade é como um motor que está ao nosso dispor. O combustível está dentro de nós. Abastecer ou não o motor depende só de nosso querer. Querer perdoar ou ultrapassar a montanha do orgulho e pedir perdão pelos erros que praticamos depende exclusivamente de nosso querer.

A doutrina espírita nos apresenta de forma clara e objetiva as vantagens de perdoar e de conceder o perdão. Aqueles que conhecem o espiritismo conseguem vislumbrar essas vantagens, e alguns respondem rapidamente ao convite que a Doutrina nos faz de subir um degrau na nossa escala ascensional. Acabar com esta fome de perdão, então, depende única e exclusivamente de nós.

Fica o convite: Vamos conjugar o verbo perdoar?

FOME DE SAÚDE

Luiz Sérgio de Lima Gomes
Rio de Janeiro, RJ

Psiquiatra, homeopata, expositor espírita e autor dos livros *Os caminhos do ser*, *Medicina integral* e *Os andarilhos*, entre outros.

COUBE-ME A TAREFA DE escrever algumas reflexões sobre a necessidade que todos temos de gozar de plena saúde. Via de regra, a maioria das pessoas associa a saúde a um corpo equilibrado e à ausência de doenças.

Isso é parte da verdade, pois o conceito é extenso, complexo e multifatorial. A Organização Mundial da Saúde (OMS) o define como o "bem-estar biopsicossocial e espiritual do indivíduo".

A maioria das pessoas só vai à busca de um médico para aliviar um sintoma, geralmente doloroso, que as estejam incomodando ou impedindo de exercer suas atividades cotidianas. Para o médico tradicional, a recuperação da saúde viria com a prescrição de medicamentos ou com o emprego de técnicas específicas para a remoção dos sintomas.

Utilizando a definição multifatorial do conceito de saúde, o objetivo do tratamento não seria apenas a eliminação dos sintomas (geralmente sinais de advertência de que algo não vai bem) e sim a obtenção de um estado geral de bem-estar e de uma melhor qualidade de vida.

Recorro ao dr. Richard Gerber em seu livro *Medicina vibracional* (Ed. Cultrix) para trazer luz a essa questão:

> Existe grande diferença entre "ausência de sintomas" e bem-estar. Nós definimos bem-estar como um estado no qual um ser humano opera num nível ótimo de integração entre os elementos do corpo, da mente e do espírito.
>
> O indivíduo que goza de bem-estar é aquele que, além de ser feliz, saudável e completo, também vê propósito e significado em sua vida. Na definição de saúde e bem-estar está implícita uma mudança de consciência que contribui para o aprendizado de novas ideias, ajuda o indivíduo a compreender a si mesmo e, de modo geral, proporciona constante apoio ao crescimento psicológico e espiritual da pessoa.

Entendendo a saúde como um conceito global, podemos também percebê-la em três níveis específicos:

1 - Em relação a si mesmo

O avanço das comunicações vem difundindo conceitos que mostram a importância de se cuidar do corpo para a manutenção de uma boa saúde. Campanhas contra o sedentarismo e hábitos mais naturais de alimentação tentam mobilizar cada vez mais a opinião pública. O estresse das mais variadas origens, bem como preocupações com a sobrevivência e a excessiva competitividade, são apontados como grandes vilões da saúde. A popularização do conhecimento faz com que a maioria das pessoas tenha acesso a informações que lhes propiciem condições de manter um nível mais adequado de saúde e bem-estar. Todos estão mais receptivos a campanhas de vacinação e procedimentos profiláticos em relação a doenças de massa.

2 - No convívio com o outro

Na área da saúde psíquica, observamos as emoções e os sentimentos sendo a cada dia mais valorizados, levando as pessoas a uma reavaliação contínua da qualidade dos seus relacionamentos. Esse é um tema delicado e complexo. O homem que vivia acorrentado a padrões rígidos de conduta, a normas sociais do que se considerava certo ou errado, de repente viu-se sem parâmetros externos que pudessem nortear suas atitudes. Isso, de certa forma, o deixou confuso. O excessivo materialismo também fez com que descambasse para um individualismo predatório e egoístico. De certa forma, as necessidades econômicas que fizeram a mulher abandonar o seu antigo posto de dona de casa e partir para o mercado de trabalho desestabilizaram as relações homem-mulher. O que vemos agora é uma sociedade repensando seus valores relacionais como família e casamento. Tal processo de transformação inevitavelmente vem acompanhado de uma dose de angústia e incerteza, o que certamente influencia a saúde emocional dos indivíduos.

3 - No equilíbrio do planeta

Nenhum habitante da Terra em sã consciência poderá alegar ignorância em relação aos problemas ecológicos da atualidade, tais como o aquecimento global, a poluição de mares e rios e o desmatamento desenfreado que vem agravando significativamente a qualidade de vida. Apesar de interesses mesquinhos e egoístas das nações mais desenvolvidas que cinicamente tentam um discurso de retórica que não se vê aplicado na prática, cada vez mais a população se conscientiza de que é preciso fazer alguma coisa, até mesmo para preservar a vida humana. Assim, podemos também falar em saúde planetária, tema esse que prioriza a importância do equilíbrio entre o homem e sua morada cósmica.

Vivemos hoje uma época que se caracteriza pela grande aceleração dos acontecimentos. Tudo acontece de forma vertiginosamente rápida. As pessoas se habituaram a esperar soluções imediatas para as dificuldades. Prova disso são os milhões de comprimidos de tranquilizantes vendidos anualmente no mundo inteiro pelas multinacionais farmacêuticas, estimulando na cultura popular a fantasia de que uma pílula mágica poderá acabar com qualquer tipo de sofrimento que afete o ser humano. Como não temos a mínima paciência para conviver por pouco tempo que seja com qualquer nível de ansiedade, é mais fácil recorrer aos milagrosos comprimidos. Isso quando não se buscam outros derivativos como o álcool e as drogas ilícitas como escapismo e negação das próprias dificuldades.

Com o advento do paradigma holístico, a visão da medicina acadêmica terá oportunidade de expandir seus horizontes ao integrar aos seus conceitos novos planos de manifestação do ser. A psicossomática, a homeopatia e a acupuntura são exemplos de áreas já aceitas pela medicina oficial e que expandem os limites do ser.

Se continuarmos nosso mergulho nas profundezas do ser, vamos encontrar, além do plano material e energético, o que as religiões denominam de espírito e as escolas psicológicas mais abertas denominam de eu profundo, *self* ou eu superior.

Tal instância - o centro do ser - se assim podemos nos expressar, seria a essência, responsável pela vida dos afetos, dos sentimentos e da transcendência.

Podemos didaticamente conceber no homem integral três níveis de manifestação, a saber:

1. Nível físico - seria o plano material que nos coloca em contato direto com o mundo concreto e seus desafios.
2. Nível energético - mais sutil, onde a saúde e a doença podem acontecer antes de se manifestar no corpo físico.
3. Nível espiritual - o mais transcendental, onde a essência comandaria todos os processos do que conhecemos como vida.

Tais níveis permanecem em constante processo de interação e interdependência, influenciando-se mutuamente.

A maioria das pessoas procura os médicos quando lhes ocorre algum problema, principalmente no nível físico, objetivando o desaparecimento dos sintomas e um retorno à situação anterior de equilíbrio. É mais fácil tomarmos um comprimido para aliviar a dor de cabeça do que compreender a mensagem que se oculta por trás do sintoma. Tal postura de acomodação ainda faz parte do ser humano e, hoje em dia é muito estimulada pela indústria farmacêutica e pelo próprio imediatismo de nossa sociedade.

Finalizando este capítulo, chegamos às seguintes conclusões:

1. Saúde e doença são polaridades, faces distintas de uma mesma moeda. A doença no plano físico pode, muitas vezes, nos impulsionar para mudanças em planos mais profundos. É comum observarmos certos pacientes terminais estarem desfrutando de paz interior indescritível a partir do momento em que se conscientizam de sua doença.
2. A doença, entendida desta forma, pode se constituir em instrumento valioso de transformação, trazendo-nos um confronto com partes nossas muitas vezes negadas ou reprimidas. A função do terapeuta, neste caso, é a de ser um facilitador do processo para que o indivíduo enfermo acesse os recursos internos que o movimentarão no sentido da cura integral.

3. Apesar de reconhecermos a importância dos vetores externos na produção de certas doenças, com a compreensão holística descortinamos horizontes mais amplos e mudamos o foco externo dos desequilíbrios para o interior do ser que adoece, procurando entendê-lo em todos os seus significados - físico, energético, emocional e espiritual.
4. O conceito de saúde no enfoque holístico devolve ao enfermo a responsabilidade pela própria cura, na medida que o conscientiza da necessidade de retificar as posturas internas que estão perpetuando o padrão de desequilíbrio, ao contrário da medicina tradicional que transfere a responsabilidade da cura para a ação do médico e dos medicamentos.

Fome de verdade

Roberto Vilmar Quaresma
Rio de Janeiro, RJ
Expositor e autor dos livros *Coisas da vida na visão espírita* e *Na estrada com Jesus, a caminho da regeneração.*

TRANSITANDO PELA ATUAL AMBIENTAÇÃO reencarnatória, não são poucas as vezes em que nos vemos estupefatos diante dos comportamentos, enquadrados pelos que nos cercam e pelos próprios.

Os movimentos que assumem até reconhecem, mas não percebem as suas "verdades" a fim de, partindo deste ponto, buscarem outro acima do qual estacionam.

As verdades às quais nos referimos no parágrafo anterior dizem respeito às condições espirituais, à qualidade comportamental apresentada pelos espíritos.

É bem reconhecido por aqueles que se preparam para se desenvolver na vida, que o primeiro passo a ser dado para locomovermo-nos na ascendência do progresso é estudar a 'verdade' na qual nos situamos, ou seja, identificar os erros e acertos e, a partir daí, procurar resolver o imprestável e aprimorar o que já se classifica como benignidade.

Eis por que o espírito Eurípedes Barsanulfo um dia afirmou: – *Poderoso é o sol da verdade.*[53] Em uma simples análise podemos concluir: o sol se propaga em todas as direções e sentidos, trazendo à Terra energias que sem elas tudo pereceria. Por analogia, em tendo a verdade como motivo único para todas as coisas, o espírito estará mergulhado nas energias de Jesus, suas realizações plasmarão luz ao longo da caminhada, e sua estrada terá o sentido da caridade tecendo paz e elevação espiritual para os momentos que se sucederão.

A verdade, conquanto relativa, ainda é trilha por demais não reconhecida pela plêiade de espíritos ligados ao planeta Terra. Observa-se o fato pelo esforço premente de inúmeros espíritos se permitirem confrontar com os adversários da verdade, quando deveriam abraçá-los e tentar conduzi-los ao bem; este é um dos aspectos, evidentemente, que para tal, é preciso estar com ele, o bem.

Este confronto chama-se autocompetição. Ao se deparar com situações acionadoras e estimulantes de hábitos e tendências inaceitáveis pela verdade, o espírito deve exercer o autodomínio e subtraí-las do enredo pessoal, e não dar acesso facultando a vontade, que foi estimulada dez por cento, entrar na competição acrescida de mais noventa ao estímulo depredador, para explorá-lo em toda a sua degenerescência, indo, então, muito além da proposta armazenada na memória contínua,

---

53 *Novo caminho a seguir* – pág. 7 – 1ª ed.

embora o bom-senso emita vibrações contrárias. Afinal, toda e qualquer fome precisa ser controlada.

Sem um maior discernimento constroem-se trilhas de dores no amanhã; isto porque, deveriam esses espíritos cuidar dos processos maléficos, admitidos na anterioridade, com o fim de exterminá-los, e não dar a essas energias caráter principal e promovê-las em envolvimentos maiores.

A verdade espera a superação do espírito. Deseja vê-lo vencer a mediocridade e estabelecer-se em piso promovedor na escala do progresso, sedimentando nos espaços da memória realizações verdadeiramente benéficas que o levem ao caminho da paz e anulem as manchas perispirituais predominantes que o arrastam para abismos cada vez mais trevosos, fazendo-o se comprometer mais fortemente com provas severas e expiações dolorosas, despertadoras para as mensagens de Jesus.

> A verdade é como o sol, renova as estruturas mentais, dá brilho e luminosidade ao pensamento. Ao penetrar no campo das ideias, ela provoca mudanças que renovam a maneira de pensar do espírito. Aos poucos, sua energia atua diretamente nos sentimentos doentes, o que possibilita ao ser mudar sua forma de sentir e perceber os fatos que estão a sua volta. Todo esse conjunto de vibrações, ocasionadas pela verdade, desencadeia uma mudança no contexto das energias perispirituais, renovando-as.[54]

54 *Pelos caminhos do entendimento do espírito* – pág. 57 – 3ª ed. Obras do Método "Evangelização de Espíritos" criado por Eurípedes Barsanulfo, e escritas sob sua orientação por Alzira B. F. Amui e Luciano S. Varanda – Editora Grupo Espírita Esperança e Caridade.

A partir do momento que o espírito inicia o movimento de interiorização das vibrações propiciadas pela verdade e prende-se ao compromisso, sua fome de verdade ganha forças imensuráveis e ele dá início a uma renovação íntima incapaz de ser travada pelas artimanhas do mundo.

A aproximação de Jesus levada a efeito o faz sentir-se poderoso para suportar as inferioridades mundanas e libertar-se dos prazeres depreciadores e desmoralizantes.

Nesta fase ecoam em seu coração os verbos do Cristo:

> E conhecereis a verdade, e a verdade vos libertará. (...) Eu para isso nasci, e para isso vim ao mundo, a fim de dar testemunho da verdade. Todo aquele que é da verdade ouve a minha voz.[55]

Qual disponibilidade dar aos arquivos malignos que ainda eclodem da memória após nos enquadrarmos com os ditos de Jesus?

– Faz-se necessário para que conjunturas com essas circunstâncias passem a ser desativadas do foco mental e não mais criem interferências e descontroles. Trabalho e perseverança tendo a caridade como principal companheira orientadora dos sentimentos para consigo e com o próximo deve ser pensamento constante; jamais esquecer que somente conseguimos dar o que temos.

55 João 8:32 e 18:37.

Depois de corrermos as linhas acima, compreendemos um pouco mais a máxima verdade da doutrina espírita: *Fora da caridade não há salvação*.

Para melhor esclarecer-nos, os instrutores espirituais da codificação da doutrina espírita doaram as seguintes palavras quando analisaram a parábola do bom samaritano[56], inserida no capítulo XV de *O Evangelho segundo o Espiritismo*:

> Jesus coloca o samaritano, considerado herético, mas que pratica o amor ao próximo, acima do ortodoxo que falta com a caridade. Jesus, portanto, não faz da caridade apenas uma das condições para a salvação, mas a única condição. Se houvesse outras a serem preenchidas, ele as teria apresentado. Já que coloca a caridade em primeiro lugar no rol de todas as virtudes, é porque ela abrange implicitamente todas as outras: a humildade, a brandura, a benevolência, a indulgência, a justiça etc., e porque é a negação absoluta do orgulho e do egoísmo.

A fome de verdade, para os que desejam se nutrir, poderá ser plenamente suprida se buscarem os alimentos nos conteúdos do Consolador Prometido. Somente não aproveita os frutos doados por Jesus aquele que por motivos próprios prefere permanecer à margem das diretrizes do mundo; não só em tal po-

56 Lucas 10:25 a 37

sição se coloca, mas também se nutre da materialidade perniciosa sem certificar-se. Tampouco vê, ouve ou sente os elementos dentro do seu próprio espaço físico, onde as horas apresentam inúmeras variáveis e a efemeridade do tempo consumido doa espaços onde as vicissitudes consomem os minutos. E mais: todos esses eventos conflitantes depõem contra a sua "verdade".

É tempo de absorvermos os frutos consagrados pela verdade grafada pelos evangelistas a fim de conquistarmos o passaporte para nutrições espirituais mais luminosas e também para ares mais sublimados, onde o coração se veja perfumado pela paz.

O tempo Terra do período vivenciado se locupleta, e a fome de verdade deve ser suprida por todos que almejam dar continuidade às necessidades educacionais e evolutivas nessa nave escola que tem nos acolhido com amor materno.

Com a finalidade de dar maior solidez às palavras acima, eis pequeno trecho de recente mensagem de Eurípedes Barsanulfo:

> ... A verdade é o novo momento para tantos espíritos, que necessitam deste alimento para sobreviver.
>
> Moisés, Jesus e Kardec são representações divinas que nos convidam a grandes mudanças.
>
> Passaram-se dois mil anos e Jesus continua nos amparando com o amor de sempre.
>
> Eis a data estabelecida para compreendermos a verdade e construirmos novas ideias, sedimentan-

do, na consciência do espírito espírita uma postura coerente com essa verdade.

... O Terceiro Milênio pedirá ao espírita outro nível de conhecimento e de maturidade de ações. Sejamos espíritas cristãos para demonstrar a força do amor divino em nós.[57]

57 Trechos da mensagem recebida no Seminário "Evangelização de Espíritos", em Sacramento - MG, julho de 2014.

VOCÊ PRECISA CONHECER

Perda de pessoas amadas
Armando Falconi Filho
Autoajuda • 16x22,5 cm • 160 pp.
Apresenta a mensagem consoladora do espiritismo e vai ajudá-lo a encarar a morte de uma forma menos dolorida, trazendo compreensão e fortaleza.

Perdão gera saúde
Armando Falconi Filho
Autoajuda • 16x22,5 cm • 224 pp.
O perdão é o amor a mais, cuja expressão nos liberta da mágoa, da vitimização, da paralisia existencial, da escravidão autoimposta. Nesta obra, o autor mostra que tudo o que alimentamos cresce e fortalece: alimentando o perdão, fortalecemos nossa fé, nossa autoconfiança – nossa saúde individual e coletiva.

De Nosso Lar para nossa casa
Sidney Aride
Estudo • 14x21 cm • 192 pp.
Com o esclarecimento recebido pelos espíritos desde a codificação do espiritismo, temos convicção de que a vida na Terra é uma cópia imperfeita do que existe no nosso verdadeiro domicílio, que é a pátria espiritual, de onde viemos para essa nova etapa evolutiva e para onde voltaremos depois de cumprida nossa jornada nessa encarnação.

VOCÊ PRECISA CONHECER

O mistério do lago
Pedro Santiago • Dizzi Akibah (espírito)
Romance mediúnico • 16x22,5 cm • 336 pp.

Em um lago, numa região rural do Paraguai, fenômenos estranhos acontecem. Corre pela redondeza a história de que ali ocorre a aparição de bela mulher iluminada por um halo azul, e que, após essa aparição, as águas se transformam e quem a bebe fica curado de sua enfermidade. Alicia, mãe de Ceci, encontrou a morte afogada neste mesmo lago. Anos mais tarde caberá a Ceci, que foi criada pelos avós, a tarefa de esclarecer o que realmente acontece ali.

Herdeiros da imortalidade
Ricardo Orestes Forni
Autoajuda • 14x21 cm • 192 pp.

O espírito reencarnado tem que participar do mundo material, onde assume responsabilidades. Com as atribulações do dia a dia, esquecemo-nos de quão fortes somos, e que podemos vencer as barreiras que a vida nos impõe. Nas páginas de *Herdeiros da imortalidade* mergulharemos na realidade espiritual dos motivos pelos quais transitamos temporariamente no mundo dos homens.

Suicídio: a falência da razão
Luiz Gonzaga Pinheiro
Estudo • 14x21 cm • 216 pp.

Por qual razão alguém se acha com o direito de agredir a vida? Todo aquele que atenta contra a vida comete um crime brutal contra as leis de amor instituídas por Deus. Nesta obra, Luiz Gonzaga Pinheiro analisa o suicídio sob diversos aspectos, sempre tentando desconstruir a ideia da sua prática, enfatizando o erro fatal que é a sua realização.

VOCÊ PRECISA CONHECER

Nas mãos amigas dos pais
Lucia Moysés
Educação espírita • 14x21 cm • 168 pp.

Apresenta o olhar da educação espírita sobre diversos temas atuais, orientando os pais na difícil tarefa de educar e encaminhar os filhos para um verdadeiro desenvolvimento moral. Esclarece ainda que, com carinho e perseverança, podemos inspirar nessa nova geração conceitos morais baseados no espiritismo.

Educação com sabor de eternidade
Lúcia Moysés
Educação espírita • 16x22,5 cm • 240 pp.

Lucia Moysés reuniu trabalhos bem-sucedidos de educadores espíritas junto a crianças e jovens. Neste livro, ela apresenta a pioneira experiência de evangelização para bebês, mostra os movimentos para além dos muros da casa espírita e os recursos da tecnologia que se constituíram em ferramentas destes educadores.

Superando aflições
Marcus De Mario
Autoajuda • 14x21 cm • 200 pp.

Superando aflições foi escrito para esclarecer e consolar. Para sensibilizar e espiritualizar. Para exaltar a vida e combater tudo o que pode manchá-la. Para trazer ao dia a dia os ensinos e exemplos do mestre Jesus. Este livro é um grito em favor da vida, sempre.

VOCÊ PRECISA CONHECER

Entre a fé e a razão - o amor
Rubens Molinari

Estudo • 14x21 cm • 192 pp.

O espiritismo trouxe-nos novas verdades espirituais, reavivando os ensinos de Jesus.

Com *Entre a fé e a razão – o amor*, Rubens Molinari comprova que o estudo doutrinário nos oferece plena liberdade moral de forma a nos amarmos mutuamente com toda a caridade e dentro da perfeita justiça do Pai.

Triunfo de uma alma - recordações das existências de Yvonne do Amaral Pereira
Ricardo Orestes Forni

Biografia • 14x21 cm • 200 pp.

Yvonne do Amaral Pereira teve imensa força interior para realizar o triunfo de uma alma em sua última reencarnação. Mais do que uma homenagem, este livro é um importante alerta a todos nós viajantes na estrada evolutiva, sobre a colheita da semeadura que realizamos na posse de nosso livre-arbítrio.

O veterinário de Deus
Diversos autores

Contos • 14x21 cm • 152 pp.

Reunindo alguns de seus maiores autores – Donizete Pinheiro, Ricardo Orestes Forni, Zélia Carneiro Baruffi, Lúcia Cominatto, Rubens Toledo, Dauny Fritsch e Isabel Scoqui – a **Editora EME** resgata o gênero literário que mais atrai leitores no mundo inteiro, de todas as idades: os contos.

VOCÊ PRECISA CONHECER

Peça e receba – o Universo conspira a seu favor
José Lázaro Boberg
Estudo • 16x22,5 cm • 248 pp.

José Lázaro Boberg reflete sobre a força do pensamento, com base nos estudos desenvolvidos pelos físicos quânticos, que trouxeram um volume extraordinário de ensinamentos a respeito da capacidade que cada ser tem de construir sua própria vida, amparando-se nas Leis do Universo.

Getúlio Vargas em dois mundos
Wanda A. Canutti / Eça de Queirós (espírito)
Romance mediúnico • 16x22,5 • 344pp.

Getúlio Vargas realmente suicidou-se? Como foi sua recepção no mundo espiritual? Qual o conteúdo da nova carta à nação, escrita após sua desencarnação? Saiba as respostas para estas e outras perguntas, agora em uma nova edição, com nova capa, novo formato e novo projeto gráfico.

A vingança do judeu
Vera Kryzhanovskaia / J. W. Rochester (espírito)
Romance mediúnico • 16x22,5 • 424 pp.

O clássico romance de Rochester agora pela EME, com nova tradução, retrata em cativante história de amor e ódio, os terríveis fatos causados pelos preconceitos de raça, classe social e fortuna e mostra ao leitor a influência benéfica exercida pelo espiritismo sobre a sociedade.

Não encontrando os livros da EME na livraria de sua preferência, solicite o endereço de nosso distribuidor mais próximo de você através de
Fones: (19) 3491-7000 / 3491-5449
(claro) 99317-2800 (vivo) 99983-2575
E-mail: vendas@editoraeme.com.br – Site: www.editoraeme.com.br